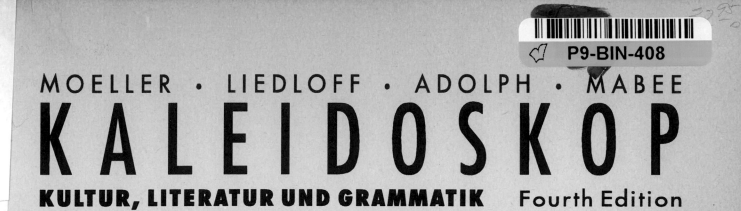

MOELLER · LIEDLOFF · ADOLPH · MABEE

KALEIDOSKOP

KULTUR, LITERATUR UND GRAMMATIK Fourth Edition

Übungsbuch

Barbara Beckman Sharon
Pacific Lutheran University

Houghton Mifflin Company   Boston   Toronto
Geneva, Illinois   Palo Alto   Princeton, New Jersey

Permissions and Credits

The authors and editors would like to thank the following authors and publishers for granting permission to use copyrighted material.

Illustrations on page 135 by Tim Jones.

Contents

Übungen zum Hörverständnis

Introduction

The *Übungsbuch* accompanying **Kaleidoskop: Kultur, Literatur und Grammatik** is designed to develop listening comprehension skills, to practice and expand writing skills in German, and to reinforce basic grammar. The exercises and activities in the *Übungsbuch* are divided into four sections: *Übungen zum schriftlichen Ausdruck, Übungen zur Grammatik, Übungen zum Hörverständnis*, and Pronunciation Guide. The material in the listening comprehension and writing skills sections correlates chapter by chapter with the material in the ten *Themen* of the student text. The chapters in the grammar section correspond to each of the twelve *Kapitel*. The Pronunciation Guide is keyed to the pronunciation exercises in Part 1 of the tape program.

The writing exercises (*Übungen zum schriftlichen Ausdruck*) in the first section of the *Übungsbuch* provide students with practice of written expression and writing strategies. The exercises include very controlled activities as well as more loosely structured situations. Students may be asked to complete sentences or passages or work with active vocabulary. In the more independent activities students must provide appropriate responses to stimulus questions or situations. There is also opportunity for students to engage in more creative writing such as objective descriptions, letters, and personal impressions and opinions. The *Besondere Ausdrücke* exercises afford more practice of the active vocabulary. Many activities are based on authentic texts or other material in the textbook. In other instances the authentic texts are totally new. For example, students must select an ethnic restaurant on the basis of several ads, decide which activities at a cultural center interest them, find out what several advertised hotels have to offer for a vacation, or use a chart to compare problems as seen by East and West Germans. Marginal glosses are included to facilitate reading and comprehension. Given the variety and number of *Übungen zum schriftlichen Ausdruck,* instructors can select those activities which will be most useful to their students.

The grammar exercises (*Übungen zur Grammatik*) in the second section of the *Übungsbuch* consist of supplementary grammar exercises to complement those in the text. This section also includes a number of exercises with personalized questions that enable students to practice, in a more creative fashion, the central principles of grammar covered in a given chapter. The grammar exercises in the *Übungsbuch*, like those in the text, are based on situations and reinforce the basic vocabulary of 1,200 high-frequency words. An additional separate set of grammar exercises intended for oral practice is included in Part 2 of the tape program for **Kaleidoskop.** A transcription of these grammar exercises can be found in the *Instructor's Resource Manual.*

The listening comprehension exercises (*Übungen zum Hörverständnis*) in the third section of the *Übungsbuch* are based on dialogues or short passages to which students listen for key ideas and content. The first exercise in each *Thema* requires students to provide their own written responses to several questions. There are also dictations that reinforce the new active vocabulary in the textbook and review vocabulary from the basic 1,200 word list of the student text. The final exercise in each *Thema* is either a true/false or multiple-choice exercise based on the literary selection in the student text. The poems and many of the authentic cultural texts from the student text are also recorded on the cassettes, thereby providing the opportunity for further listening practice.

The Pronunciation Guide, which concludes the *Übungsbuch,* is coordinated with the pronunciation practice on Tape 6 of the tape program.

Übungen zum schriftlichen Ausdruck

Thema 1 Freizeit

A. Tourist-Information. Wo übernachten° Touristen in Oldenburg, wenn sie das beliebte Oldenburger Volksfest „Kramermarkt°" besuchen? Lesen Sie die Anzeigen und ergänzen° Sie die Gespräche mit den Namen der passenden Hotels.

stay overnight
fair (Kram: odds and ends)
complete

Hotel Hegeler
Inh.
Gerd Olaf Müller
Klubraum bis 60 Personen
Abendkarte ab 18.00 Uhr
3 Doppel-Kegelbahnen (abends noch Bahnen frei)
Donnerschweer Straße 27 • Oldenburg • Tel. 04 41 / 8 75 61

Inh. (Inhaber): owner
ab: from
Kegelbahn: bowling lane

Hotel · Restaurant
Gesellschaftshaus
Vöbken
HUNDSMÜHLER KRUG

Über 130 Jahre Gastlichkeit
Traditionshaus seit 3 Generationen
Räumlichkeiten 20–500 Personen
ausreichend Parkplätze für Busse und PKW
großer Sommergarten

Hundsmühler Str. 255 · 2900 Oldenburg · Tel. 04 41 / 50 30 44 · Fax 04 41 / 50 23 24

Gesellschaftshaus: reception hall
Gastlichkeit: hospitality
Räumlichkeiten: accommodations
ausreichend: sufficient
PKW (Personenkraftwagen): passenger cars

Tagungen · Konferenzen · Familienfeiern

Restaurant · Konferenzräume · Hotelbar
Schwimmbad · Solarium · Sauna

Melkbrink 49/51 · 2900 Oldenburg · Telefon 04 41 / 80 40 · Telefax 04 41 / 88 40 60

Tagungen: conferences

Hotel Metz-Garni
Hundsmühler Straße 16–18, 2900 Oldenburg
Telefon (0441) 502208 und 503266

Ein- und Zweibett-Zimmer, auch Appartements
mit Bad/WC, Du/WC, Dusche, Radio, TV
Parkplatz- und Garagen-Angebot
incl. Frühstück zu 40,- bis 48,- DM und 65,- bis 80,- DM
Erdgeschoßzimmer für Gehbehinderte

Sie erreichen uns über die BAB 28, Ausfahrt Oldenburg/Eversten,
bereits nach 100 m, in Richtung Bundesstraße 401 - Papenburg -

Garni: only breakfast available
Du (Dusche): shower
Angebot: availability
Gehbehinderte: persons with physical disability

1. –Wo kann ich Fitneß-Training machen?

    –Im _____ können Sie schwimmen gehen.

2. –Ach, die Kinder! Sie wollen unbedingt° ein Zimmer mit Fernsehapparat.   *absolutely*

    –Rufen Sie _____ an.

3. –Wir hätten gern ein Hotel mit historischer Atmosphäre.

    –Das _____ gehört seit 130 Jahren derselben

    Familie.

4. –Ich bin im Rollstuhl°. Können Sie uns ein Hotel empfehlen°?   *wheelchair /*
                                                                     recommend
    –Im _____ gibt es bequeme Zimmer im

    Erdgeschoß.

5. –Ich habe gehört, daß das neue Hotel in der Donnerschweer Straße sehr

    ruhig ist. Stimmt das?

    –Hmm . . . Das _____ ist zwar sehr schön, aber

    dort wird jeden Abend gekegelt.

6. –Abends gehen wir gern ein bißchen spazieren. Könnten Sie uns ein Hotel

    empfehlen?

    –Hinter dem _____ gibt es schöne Blumen und

    Bäume.

B. Noch eine Anzeige. Schreiben Sie nun eine Anzeige für ein Hotel.

Nützliche Informationen: Name, Adresse, Telefon, wichtige/interessante Details.

C. Besondere Ausdrücke°.[1] Ergänzen Sie Bernds Brief an seine Kusine   *expressions*
Heike mit passenden Ausdrücken aus der folgenden Liste. Synonyme für
die Ausdrücke stehen im Brief in Klammern° am Ende jedes Satzes.   *parentheses*

Ich will mir die Nationalgalerie ansehen.   [sich etwas ansehen]
Ich verbringe meine freie Zeit zu Hause.   [freie Zeit (zu Hause) verbringen]
Du hattest keine Angst vor dem Sprung.   [Angst vor (+ *dat*.) etwas haben]
Ich interessiere mich nicht mehr für   [sich für etwas interessieren]
  gefährliche Sportarten.
Etwa 200 Leute haben sich auf dem   [sich auf dem Marktplatz (auf der
  Potsdamer Platz versammelt.   Burg) versammeln]

Liebe Heike,

letzten Monat hast Du mir geschrieben: „Ich wünschte, ich hätte weniger Streß! Also, dieses Jahr

_____ (*bleibe ich in den Ferien zu Hause*). Ich möchte

faulenzen. Mein Motorrad habe ich schon verkauft. Ich _____

_____ (*habe kein Interesse mehr an gefährlichen Sportarten*). Wenn ich _____

_____, fahre ich mit dem Bus (*ein Kunstmuseum besuchen will*). Das ist auch viel

sicherer."

Und was habe ich gerade gehört? Letzten Samstag _____

_____ (*sind etwa 200 Leute auf dem Potsdamer Platz zusammengekommen*). Und vor

dieser Gruppe wurdest Du ein lebendiges Jo-Jo. _____

(*Hast Du Dich nicht gefürchtet, in die Tiefe zu springen*)?

Wie fühlst Du Dich jetzt? Laß bald etwas von Dir hören!

                              Dein

                              Bernd

---

[1]This type of exercise occurs in almost every *Thema*. It provides you with expressions, rather than isolated words, that you will find useful in your future study of the German language. The expressions are taken from the *Einstieg in das Thema* and the *Texte*. In the above list, the specific forms you will need to complete the exercise sentences grammatically and logically are given first. In some instances sentences may need to be modified, e.g., the word order may need to be changed or subjects may need to be dropped. The more general "dictionary entry" forms of the expressions are given in brackets.

D. Schreiben Sie nun Ihre eigenen Sätze oder einen Absatz°. Benutzen Sie
drei Ausdrücke aus **Übung C.**

paragraph

_____

_____

_____

_____

E. **Urlaubsumfrage°.** Eine deutsche Zeitschrift macht eine Umfrage über
Urlaubsreisen. Machen Sie auch mit, und beantworten Sie die folgenden
Fragen.

poll

1. Wie lange waren Sie im Urlaub?

   _____ 1 Woche   _____ 2 Wochen   _____ 3 Wochen und mehr

2. In welcher Region/welchem Land waren Sie? _____

   _____

3. Wie oft waren Sie bereits° dort?

   already

   _____ einmal   _____ zweimal   _____ dreimal oder öfter

4. Wo haben Sie gewohnt?

   _____ Hotel/Motel   _____ Campingplatz

5. Wie zufrieden waren Sie mit:

   (**a** = sehr zufrieden; **b** = zufrieden; **c** = nicht zufrieden)

   _____ Unterkunft°   _____ Essen   _____ Preise   _____ Service

   accommodations

   _____ Sport- und Freizeitangebote°

   -angebote: offerings

6. Was war für Sie am Urlaubsort besonders wichtig?

   _____ Sport- und Freizeitangebote

   _____ die Umgebung° (z.B. Großstadt; Meer°; Berge)

   surroundings / sea

   _____ Familie/Freunde besuchen

   _____ neue Leute kennenlernen

   _____ Hobbys

   _____ essen gehen

   _____ einkaufen gehen

4 Übungen zum schriftlichen Ausdruck: Thema 1

7. Sind Sie allein oder mit anderen gefahren?

_____ mit Freunden _____ mit Familie _____ allein

8. Werden Sie nächstes Jahr wieder dorthin fahren?

_____ ja _____ nein _____ vielleicht

F. **Alternativferien.** Alternativferien sind bei deutschen Jugendlichen beliebt. Diese Ferien werden von mehreren Organisationen, wie z.B. dem CVJM° (Christlicher Verein Junger Männer) angeboten. Es gibt ungefähr 100 verschiedene Programme in 23 Ländern. Lesen Sie die folgende Anzeige.

YMCA

Alternativferien — Ferien vom Alltag°!

„Ich wünsche mir einen Aktivurlaub." „Fern von allen Touristen möchte ich ein fremdes Land erleben." „Weg vom Wohlstand° für einige Wochen."

Solche Wünsche kannst Du in unseren Alternativferien realisieren! Wir bieten Schülern, Studenten und Lehrlingen von 18 bis 25 Jahren zehn Programme in fünf Ländern an. Diese Programme verbinden Ferien mit Arbeit und Zusammenleben in einer Gruppe.

Hier in Deutschland gibt es Alternativferien: Du kannst zum Beispiel an Umweltschutzprojekten° arbeiten oder Kinderspielplätze bauen. Alternativferien im Ausland sind auch sehr beliebt. Dort wohnst Du bei einer Familie, meistens in einem kleinen Dorf ohne Touristen. Du arbeitest z.B. zwei Wochen als Helfer(in) bei der Ernte°. Danach folgt eine Busfahrt von einer Woche. Auf dieser Reise lernst Du das Land besser kennen.

Ob im Inland oder Ausland: Fast alle, die einmal mitgemacht haben, bleiben mehrere Jahre dabei!

---

everyday life

affluence

environmental protection projects

harvest

Sie sprechen mit Mark über diese Anzeige. Er stellt mehrere Fragen. Beantworten Sie sie mit vollständigen° Sätzen.

complete

1. **Mark:** Was sind eigentlich Alternativferien?

   Sie: _____

   _____

2. **Mark:** Wer kann an so einem Programm teilnehmen°?

   participate

   Sie: _____

3. **Mark:** Wo gibt es denn solche Ferien?

   Sie: _____

4. **Mark:** Und wie lange dauern sie?

   Sie: _____

5. **Mark:** Was kann man in solchen Ferien alles machen?

   Sie: _____

   _____

6. **Mark:** Interessierst du dich dafür? Warum (nicht)?

   Sie: _____

   _____

G. Schreiben Sie. Beschreiben Sie eine Urlaubsreise, die Sie gern machen möchten.

_____

_____

_____

_____

H. Konkrete Gedichte. Konkrete Gedichte verbinden Wort, Laut° und Bild.   *sound*
Schreiben Sie Ihr eigenes Gedicht zum Thema Freizeit. (Siehe z.B. das
Gedicht weiter unten, und das Gedicht im Buch auf Seite 50.)

AUTOFAHREN

HERUMHERUMHERUMHERUMÜDE

Thema 2 Kommunikation

A. Unterhaltung. In Amerika kann man *Miss Manners* oder *Amy Vanderbilt* lesen, wenn man wissen will, was man in gewissen Situationen tun und sagen soll. In Deutschland findet man Ratschläge° für viele gesellschaft- liche Situationen in *Der moderne Familien-Knigge* (von Yvonne Gräfin von Eichen). Weiter unten finden Sie einen Textauszug° aus „Knigge": „Die Einladung° am Abend – Unterhaltungsthemen". Lesen Sie den Auszug und beantworten Sie die Fragen, indem Sie jeweils den richtigen Satz ankreuzen.

advice

excerpt

invitation

> Unterhaltung ist, wenn nicht nur einer spricht – und wenn nicht alle auf einmal sprechen. Unterhaltung besteht aus Sprechen und Zuhören. Sprechen können die meisten°, zuhören die wenigsten.
>   Hobbys sind ein feiner Gesprächsstoff°. Man sollte aber nicht vergessen, daß auch andere Menschen Hobbys haben. Und die neue Werkbank° des Bastlers° interessiert den passionierten Briefmarkensammler° kaum.
>   Jugenderlebnisse° sind interessant – leider meist nur für einen selber.
>   Die Vorführung von Dias° kann Spaß machen. Meistens nur dem, der° sie aufgenommen° hat.

most people

material for conversation
workbench
hobbyist / stamp collector
childhood experiences
Vorführung von Dias:
  slide show
dem, der: *for the one who taken*

Fragen zum Text: Kreuzen Sie die richtige Antwort an.

1. Wie definiert die Autorin den Begriff° „Unterhaltung"?   *term*

    _____ a. Man spricht und hört zu.

    _____ b. Einer spricht und die anderen hören zu.

2. Warum sind Hobbys oft kein guter Gesprächsstoff?

    _____ a. Leute sprechen nicht gern über Hobbys.

    _____ b. Nicht alle interessieren sich für ein bestimmtes Hobby.

3. Was sagt die Autorin zum Thema „Jugenderlebnisse" als Gesprächsstoff?

    _____ a. Die meisten Leute finden Jugenderlebnisse von anderen sehr interessant.

    _____ b. Jugenderlebnisse von anderen sind meistens langweilig.

4. Was sagt die Autorin über die Vorführung von Dias?

    _____ a. Es macht allen großen Spaß.

    _____ b. Es macht oft nur dem Fotografen oder der Fotografin selbst Spaß.

Persönliche Fragen: Beantworten Sie die Fragen mit vollständigen° Sätzen.   *complete*

1. Worüber unterhalten Sie sich gern mit Freunden oder Bekannten auf einer Party?
   Nennen Sie drei mögliche Gesprächsthemen.

   _____

   _____

2. Welche Gesprächsthemen versuchen Sie zu vermeiden°? Nennen Sie zwei.   *avoid*

   _____

   _____

3. Geben Sie Ihren persönlichen Standpunkt – hören Sie gern zu oder möchten
   Sie lieber selbst sprechen? Warum?

   _____

   _____

B. **Besondere Ausdrücke.** Ergänzen Sie Jochens Nachricht für seine Freundin Julia mit passenden
   Ausdrücken aus der folgenden Liste. Am Ende jedes Satzes finden Sie Synonyme für die
   Ausdrücke, die Jochen in seiner Nachricht benutzt hat.

   Ich hinterlasse lieber eine Nachricht auf   [eine Nachricht auf dem Anrufbeantworter
     dem Anrufbeantworter.   hinterlassen]
   Ich wollte dich daran erinnern.   [jemanden (oder sich) an (+ *acc.*) etwas erinnern]
   Ich habe mir eine Rede von ihm angehört.   [(sich) etwas (eine Rede, eine Kassette) anhören]
   Ich rufe bei dir zu Hause an.   [bei jemandem zu Hause anrufen]
   Du verbringst den ganzen Tag in der Bibliothek.   [Zeit (+ *location:* zu Hause, in der Stadt usw.)
                                                        verbringen]

   Tag, Julia, hier ist Jochen. _____

   (Arbeitest du den ganzen Tag in der Bibliothek)? Ich habe schon zweimal

   versucht, _____ *(mit dir zu*

   sprechen). Nun _____ *(hinter-*

   lasse ich lieber eine Nachricht). Die Diskussion über Gewalt im Fernsehen

   beginnt heute abend um acht Uhr. _____

   _____ *(Hoffentlich hast du das nicht vergessen).* Erik Harnisch ist

   der Moderator. Letztes Semester _____

   _____ *(bin ich zu einem Vortrag° von ihm gegangen).* Er ist   *lecture*

   ausgezeichnet. Soll ich dich um halb acht abholen? Also, tschüs.

C. Schreiben Sie nun Ihre eigenen Sätze oder einen Absatz. Benutzen Sie drei Ausdrücke aus **Übung B.**

_____

_____

_____

_____

D. **Fragen über Bichsels alten Mann.** Lesen Sie den ersten Absatz der Kurzgeschichte „Ein Tisch ist ein Tisch" noch einmal (Seite 47 im Buch). Für jeden Satz weiter unten schreiben Sie:

statement

A, wenn die Aussage° stimmt
B, wenn die Aussage nicht stimmt
C, wenn in der Kurzgeschichte nicht darüber gesprochen wird

_____ 1. Sein Name ist Braun.

_____ 2. Sein Vorname ist Peter.

_____ 3. Er ist ganz anders als andere Leute.

_____ 4. Er hat einen dünnen Hals.

_____ 5. Er redet viel.

_____ 6. Seine Augen sind grau.

_____ 7. Der Mann wohnt in einer kleinen Stadt.

_____ 8. Er wohnt am Ende der Straße.

E. Rollenspiel. Bilden Sie eine Gruppe von drei bis vier Personen. Die Situation: Niemand weiß, wo Bichsels alter Mann ist. Die Nachbarn haben ihn gesehen, als er zum Bahnhof ging. Die Polizei stellt jetzt Fragen. Antworten Sie für die Nachbarn. Jeder macht sich Notizen und schreibt dann ein Protokoll°.   *report*

Polizist/in: Wie heißt der Mann?

Nachbarn: _____

Polizist/in: Wie alt ist er ungefähr?

Nachbarn: _____

Polizist/in: Wie groß ist er?

Nachbarn: _____

Polizist/in: Welche Farbe haben seine Augen?

Nachbarn: _____

Polizist/in: Was für Kleidung hat er getragen, als Sie ihn zum letzten Mal gesehen haben?

Nachbarn: _____

Polizist/in: Hat er Bekannte oder Verwandte in der Stadt?

Nachbarn: _____

Polizist/in: Gibt es einen Grund, warum er weg wollte?

Nachbarn: _____

Polizist/in: Ist Ihnen sonst etwas Ungewöhnliches aufgefallen?

Nachbarn: _____

Protokoll: _____

_____

_____

_____

_____

F. **Gedankenaustausch**[1]

1. Lesen Sie die folgenden kurzen Gespräche.

   a. Wie gewinnt man Zeit? *(How does one stall for time?)*

   „Findest du nicht, daß alle Amerikaner eine Fremdsprache lernen sollten?"
   –Hmm, laß mich mal nachdenken.
   –Darüber muß ich erst mal nachdenken.
   –Also°, das kann man so nicht sagen.   *Well . . .*

   „Sollten Kinder in der ersten Klasse mit einer Fremdsprache anfangen?"
   –Also ...
   –Na ja ...

   b. Wie drückt man Zweifel aus? *(How does one express doubt?)*

   „Das Geld für den Fremdsprachenunterricht muß natürlich vom Staat
   kommen."
   –Das ist eher° unwahrscheinlich.   *rather*
   –Das ist zweifelhaft°.   *doubtful*
   –Also, ich weiß nicht.

   „Der Fremdsprachenunterricht muß eben morgens um halb acht beginnen."
   –Ich bin nicht sicher, daß das geht.
   –Ich glaube nicht, daß das geht.
   –Wie soll denn das funktionieren?

2. Geben Sie die englischen Äquivalente für die folgenden Ausdrücke.

   –Darüber muß ich erst mal nachdenken. _____

   –Das kann man so nicht sagen. _____

   –Na ja ... _____

---

[1]This type of exercise provides you with basic conversational expressions. It consists of three parts: you will first read brief conversational exchanges, then give English equivalents of phrases, and finally, complete a dialogue. Try to use these expressions when doing the *Gedankenaustausch* and *Meinungsaustausch/Verhandeln* exercises in your textbook.

Übungen zum schriftlichen Ausdruck: Thema 2 **11**

3. Ergänzen Sie jetzt das kurze Gespräch weiter unten, indem Sie passende Ausdrücke aus **Übung F.1** verwenden. Die Situation: David möchte seine Tante besuchen. Er will seine Schwester überreden, mitzukommen.

David: Meinst du nicht auch, daß wir dieses Wochenende zu Tante Erna fahren sollen?

Birgit: _____

David: Würdest du dich nicht freuen, sie wiederzusehen?

Birgit: _____

David: Es kann natürlich auch sein, daß sie uns hier besucht.

Birgit: _____

David: Vielleicht kannst du sie noch heute früh anrufen und fragen, ob sie kommen möchte.

Birgit: _____

G. **Die Körpersprache.** Gebrauchen Sie Ihre Fantasie und beschreiben Sie die Stimmung und Körperhaltung von Karl-Heinz Böttcher (Seite 36 im Buch), während er seinen Brief an Herrn Burmeister schreibt.

_____

_____

_____

_____

_____

Thema 3 Das vereinigte Deutschland

A. Die Sorgen° der Deutschen. Eine Umfrage hat gezeigt, daß die Bürger in   *concerns*
den fünf neuen Bundesländern nicht immer die gleichen Sorgen haben
wie die Bürger in den alten Bundesländern. Sehen Sie sich das Schaubild°   *graph*
weiter unten an, und beantworten Sie die Fragen.

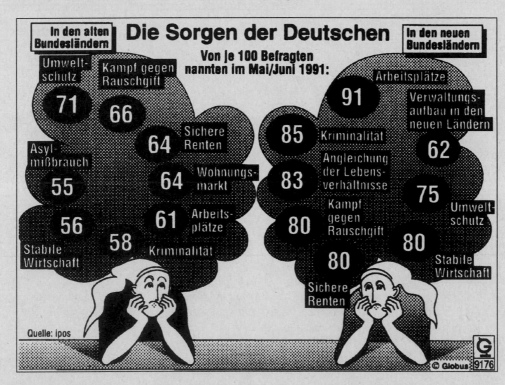

die Angleichung der Lebensverhältnisse: equalization of living conditions
der Asylmißbrauch: abuse of asylum laws
der Kampf gegen Rauschgift: war against drugs
sichere Renten: secure pensions
der Umweltschutz: environmental protection
der Verwaltungsaufbau in den neuen Ländern: restructuring of the administrative system in the new states
der Wohnungsmarkt: housing market

1. a. Was ist die größte Sorge der Deutschen in den neuen Bundesländern? _____

    b. Wieviel Prozent der Leute haben diese Sorge? _____

    c. Wieviel Prozent der Westdeutschen haben diese Sorge? _____

2. a. Welche Sorge steht in den alten Bundesländern an erster Stelle? _____

    b. Wieviel Prozent der Leute haben diese Sorge? _____

    c. Wieviel Prozent der Ostdeutschen haben die gleiche Sorge? _____

3. a. Welche Sorgen haben nur die Westdeutschen? _____

   b. Welche Sorgen haben die Ostdeutschen, die die Westdeutschen nicht haben?

      _____

4. Nennen Sie noch eine Sorge unter jungen Ostdeutschen, die nicht in der Tabelle steht.

   _____

5. Was meinen Sie – welche Sorge ist jetzt die größte Sorge in Ihrem Land? Erklären Sie kurz warum.

   _____

   _____

   _____

6. Nennen Sie noch weitere Sorgen (vier bis fünf), die Sie in Ihrem Land finden, oder Sorgen, die Sie

   selbst haben. Sie können die gleichen Sorgen nennen wie die Deutschen in der Umfrage, oder ganz

   andere. _____

   _____

   _____

B. Besondere Ausdrücke. Franka hat gerade ihr Abitur gemacht. Ergänzen
Sie die Glückwunschkarte° von ihrer Tante und ihrem Onkel mit passenden Ausdrücken aus der folgenden Liste. Synonyme für die Ausdrücke in
der Karte stehen in Klammern am Ende jedes Satzes.

Glückwunsch: congratulations

Es ist uns egal.	[egal sein: etwas ist jemandem egal]
Du hattest es schwer.	[es schwer haben]
Wir sind stolz auf Dich.	[auf (+ *acc.*) jemanden oder etwas stolz sein]
Schreib uns bald.	[jemandem schreiben]
Du warst darüber ärgerlich.	[über etwas ärgerlich sein]

Liebe Franka,

wir gratulieren Dir zum Abitur! Du weißt hoffentlich, wie _____

(glücklich Du uns alle gemacht hast). Wir wissen alle, _____,

ein ganzes Schuljahr zu wiederholen *(es war nicht leicht für Dich).* Wir verstehen sehr wohl, warum Du

_____ *(darüber böse warst).* Aber jetzt hast Du alles

hinter Dir.

Wir freuen uns sehr darauf, Dich bald wiederzusehen. _____

_____, ob Du uns Anfang oder Ende Juli besuchst *(Es*   **Es spielt keine Rolle:**

spielt keine Rolle°). _____ *It doesn't matter.*

(Laß bald etwas von Dir hören).

Deine Tante Petra
und Onkel Karl

C. Schreiben Sie nun Ihre eigenen Sätze oder einen Absatz. Benutzen Sie drei Ausdrücke aus **Übung B.**

_____

_____

_____

_____

D. **Sprichwörter°.** Verbinden Sie die Sprichwörter links mit den passenden   *proverbs*
Erklärungen rechts. Lesen Sie zuerst die Sprichwörter durch, und
entscheiden Sie dann.

   ——— 1. Es ist nicht alles Gold, was glänzt°.   a. Je öfter man etwas macht, desto   *glitters*
   ——— 2. Du sollst den Tag nicht vor dem   besser wird man.
        Abend loben°.   b. Wer selbst Probleme hat, sollte   *praise*
   ——— 3. Übung macht den Meister.   andere nicht kritisieren.
   ——— 4. Wer im Glashaus sitzt, soll nicht mit   c. Man soll sich nicht über etwas
        Steinen° werfen.   freuen, solange° der Ausgang°   *stones / as long as /*
   ——— 5. Aller Anfang ist schwer.   noch ungewiß ist.   *outcome*
   ——— 6. Glück und Glas, wie leicht bricht   d. Glück kann schnell vergehen°.   *vanish*
        das.   e. Oft erscheint etwas anders, als
                                          es wirklich ist.
                                          f. Es ist nicht leicht, etwas Neues
                                          zu beginnen.

Nun schreiben Sie kurze Erklärungen auf deutsch für die folgenden zwei Sprichwörter.

7. Wer nichts wagt°, der nichts gewinnt. _____   *dare*

_____

_____

8. Wo ein Wille ist, ist auch ein Weg. _____

_____

_____

E. Weise° Worte. Suchen Sie ein Sprichwort aus **Übung D. 1 bis D. 8,** des-   *wise*
sen Bedeutung zum Text „Ich war stolz auf dieses Land" (Seite 60-62 im
Buch) oder zum Text „Doch, es gibt auch nette Wessis" (Seite 65-66) paßt.
Erklären Sie warum.

der Text: _____

das Sprichwort: _____

Wie paßt das Sprichwort zum Text? _____

_____

_____

F. Gedankenaustausch

1. Lesen Sie die folgenden kurzen Gespräche.

   a. Wie gibt man Ratschläge? *(How does one give advice?)*

      „Ich bringe den Jungen nach Hause."
      –Das würde ich Ihnen [dir] (nicht) raten.
      –Das würde ich (nicht) machen.
      –An Ihrer [deiner] Stelle würde ich das (nicht) machen.
      –Ich rate Ihnen [dir], (hier zu bleiben).
      –Ich schlage vor, (daß wir hier warten).

   b. Wie drückt man Zustimmung aus? *(How does one express agreement?)*

      „Wir sollten die Polizei anrufen."
      –Das finde ich auch.
      –Auf jeden Fall°.   *by all means*
      –Genau.
      –(Das ist eine) gute Idee.

      „Der Junge ist doch viel zu schnell gefahren."
      –Richtig.
      –Da haben Sie [hast du] recht.
      –(Das) stimmt.

2. Geben Sie die englischen Äquivalente für die folgenden Ausdrücke.

—Das würde ich auch raten. _____

—Da haben Sie [hast du] recht. _____

—Das finde ich auch. _____

3. Ergänzen Sie jetzt das kurze Gespräch weiter unten, indem Sie passende Ausdrücke aus **F.1.a** und **b** verwenden.

Katja und Eleni ziehen zusammen in eine neue Wohnung.

Katja: Also, womit fangen wir an?

Eleni: Die Wohnung ist furchtbar schmutzig. _____,

daß wir das Bad und die Küche zuerst saubermachen.

Katja: _____.

Eleni: Sollen wir danach das Geschirr auspacken?

Katja: _____. Erik und Anna wollen uns doch

heute nachmittag mit den Möbeln° helfen, oder?   *furniture*

Eleni: _____.

G. Was meinen Sie? Claudia (Seite 61 im Buch) glaubt, daß Frauen in einem kapitalistischen System zwischen Familie und Karriere wählen müssen. Sie findet es unmöglich, beides zu haben. Stimmen Sie mit ihr überein? Warum (nicht)?

_____

_____

_____

_____

_____

Thema 4 Gleichberechtigung

A. Traumberufe°. Lesen Sie den folgenden Zeitungsartikel aus der *Nordamerikanischen Wochen-Post* und sehen Sie sich die Tabelle an.

dream jobs

Der Traumberuf ist Künstler

Wunsch und Wirklichkeit liegen oft weit auseinander°. So geht es auch den Jugendlichen zwischen 16–24 Jahren in Ost und West, wenn sie nach ihren Berufswünschen gefragt werden. An erster Stelle der Traumberufe stand bei Frauen und Männern ein künstlerischer Beruf – also etwa Schriftsteller[in]°, Maler[in], Designer[in], Fotograf[in], Schauspieler[in]°, oder Filmemacher[in]. In Wirklichkeit können sich jedoch nur wenige Künstler auf dem Arbeitsmarkt behaupten°. Da klingen° die übrigen Berufsziele schon realistischer. Hier gehen die Wünsche von Frauen und Männern jedoch weit auseinander.

apart

writer / actor/actress

sich ... behaupten: hold their own / sound

Traumberufe

Männer	Frauen	
Künstler	Künstlerin	
Sportler	Heil-, Pflegeberufe°	*Heil-, Pflegeberufe: health care services*
EDV°-Berufe	Lehrerin	
Ingenieur, Architekt	Ingenieurin, Architektin	*EDV (Elektronische Datenverarbeitung): data processing / lawyer*
Pilot	Ärztin	
Jurist°	Journalistin	

1. Vergleichen Sie jetzt die folgenden Aussagen mit dem Text und der Tabelle. Schreiben Sie **R** (richtig), **F** (falsch) oder **U** (es gibt unzureichende° Informationen).

insufficient

_____ a. In der Umfrage hat man nur mit Jugendlichen aus den fünf neuen deutschen Ländern gesprochen.

_____ b. Man hat 15.000 Jugendliche interviewt.

_____ c. Frauen und Männer interessieren sich für Architektur als Traumberuf.

_____ d. Für Männer steht „Jurist" an zweiter Stelle der Traumberufe.

_____ e. Frauen haben nur solche Berufe gewählt, die schon lange „traditionelle Frauenberufe" sind.

2. Beantworten Sie die folgenden Fragen.

   a. Welche Berufe, die die Männer genannt haben, betrachten° Sie als   *regard*

      „traditionelle Männerberufe"? _____

      _____

   b. Welche Berufe, die die Frauen genannt haben, betrachten Sie als „traditionelle Frauenberufe"?

      _____

      _____

   c. Überrascht es Sie, daß die Listen für Frauen und Männer ziemlich weit auseinandergehen?

      Erklären Sie kurz. _____

      _____

   d. Was ist Ihr Traumberuf? Erklären Sie kurz, warum das Ihr Traumberuf ist. _____

      _____

      _____

B. Besondere Ausdrücke. Ergänzen Sie die Interviewfragen mit passenden Ausdrücken aus der folgenden Liste. Synonyme für die Ausdrücke stehen in Klammern am Ende jedes Satzes.

Sie haben interessante Erfahrungen gemacht.   [interessante (gute) Erfahrungen machen]
Sie haben sich über Kritik Gedanken gemacht.   [sich (+ *dat.*) über (+ *acc.*) etwas Gedanken machen]
Sie haben eine eigene Meinung.   [eine eigene Meinung haben]
Sie verstehen sich gut mit Ihren Kollegen.   [sich mit jemandem gut verstehen]
Wie reagieren Ihre Freunde auf Ihren Beruf?   [auf (+ *acc.*) etwas oder jemanden reagieren]

1. Frau Stobbe, unsere Leser möchten wissen, _____

   _____ *(was Ihre Freunde von Ihrem Job halten).*

2. Frau Stobbe, konnten Sie und die anderen Auszubildenden° _____   *apprentices*

   _____ *(selbständig° denken)?*   *independently*

3. Herr Münnich, haben Sie während Ihrer Ausbildungszeit _____

   _____ *(Interessantes erlebt)?*

4. Herr Münnich, ich möchte Sie fragen, ob _____

   _____ *(Sie sich über abfällige° Aussagen geärgert haben).*   *disparaging*

5. Frau Schultze, _____

   (erleben Sie eine gute Atmosphäre an Ihrem Arbeitsplatz)?

C. Schreiben Sie nun Ihre eigenen Sätze oder einen Absatz. Benutzen Sie drei Ausdrücke aus **Übung B.**

_____

_____

_____

_____

D. Wer sagt was? Lesen Sie die Liste von Berufen in Ihrem Buch (Seite 95, **Übung K**) noch einmal durch. Identifizieren Sie dann die folgenden Berufe.

> „Café Jakob? Ja, ja, das kenne ich. Bei diesem   *Taxifahrerin/Taxifahrer*
> Verkehr dauert die Fahrt zehn, zwölf
> Minuten.“

1. „Brot von gestern habe ich nicht. Heute ist   _____
   alles ganz frisch.“

2. „Stefanie, fang mal an. Seite dreißig,   _____
   Nummer zwei.“

3. „Für meinen Zeitungsartikel über Gleich-   _____
   berechtigung muß ich noch zwei
   Fabrikdirektorinnen interviewen.“

4. „Warum hat das Publikum so wenig Interesse   _____
   an moderner Kunst? Sie sehen sich meine
   Werke kaum an.“

E. Was sagen sie? Schreiben Sie jetzt selbst kurze, typische Bemerkungen für die folgenden Berufe, wie in **Übung D.**

1. Politikerin/Politiker: „_____

   _____“

2. Filmschauspielerin/Filmschauspieler°: „_____   *movie actress/actor*

   _____“

3. Professorin/Professor: „_____

   _____“

4. Fabrikdirektorin/Fabrikdirektor: „_____

   _____“

     Übungen zum schriftlichen Ausdruck: Thema 4 **21**

F. Gedankenaustausch

1. Lesen Sie die folgenden kurzen Gespräche.

   a. Wie drückt man Vermutungen aus? *(How does one express assumptions?)*

      „Würde der Staat unseren Plan unterstützen?"
      – Ich denke ja./Ich glaube schon.
      –Wahrscheinlich.
      – Ich nehme an.
      –Ja, da bin ich sicher.

   b. Wie drückt man Skepsis aus? *(How does one express skepticism?)*

      „Dieser Job ist zu gefährlich für Frauen."
      –Wer sagt denn das?
      –Woher° weißt du denn das?   here: *how*
      –Ist das dein Ernst?

      „Diese Arbeit ist zu schmutzig für Frauen."
      –Meinst du das wirklich?
      –Rede keinen Unsinn!

2. Geben Sie die englischen Äquivalente für die folgenden Ausdrücke.

   –Ich glaube schon. _____

   –Ist das dein Ernst? _____

   –Woher weißt du denn das? _____

3. Ergänzen Sie jetzt das kurze Gespräch weiter unten, indem Sie passende Ausdrücke aus **F.1.a** und **b** verwenden.

   Kerstin: Glaubst du, wir können für „Don Giovanni" noch Karten bekommen?

   Andreas: _____

   Kerstin: Die kosten aber bestimmt so 350 Schilling.

   Andreas: _____

   Kerstin: Meike hat das letzte Mal drei Stunden an der Kasse gewartet.

   Andreas: _____

   Kerstin: Ich nehme am besten einen Stuhl mit.

   Andreas: _____

G. **Könntest du bitte . . . ?** Schreiben Sie ein Gespräch zwischen der
Erzählerin in der Kurzgeschichte und ihrem Mann G. Sie bittet ihn wegen
einer spezifischen Familien- oder Haushaltspflicht° um Hilfe. Mögliche   *responsibility*
Gesprächsthemen: der Zettel; der Arztbesuch; der Geburtstagskuchen;
weitere Vorbereitungen° für die Party für Tinka.   *preparations*

_____

_____

_____

_____

_____

_____

_____

Thema 5 Musik

A. Es wird gefeiert. Sehen Sie sich die folgende Anzeige für das Kulturzentrum° in Wilhelmshaven an, und beantworten Sie die Fragen weiter unten.

Cultural Center

Kulturzentrum
pumpwerk
METROPOL

August/September

Pumpwerk, An der Deichbrücke, 2940 Wilhelmshaven
Tel. 04421/ 43877 o. 43866 Fax: 44495

15.ᴼᵃ **Pumpwerk Geburtstagsfete**

20.00h
12,- DM
15,- DM

16 Jahre Pumpwerk. Eine bunte Geburtstagsfete mit der tschechischen Band Laura and her Tigers (Funk, Jazz, Rock und Pop), dem Duo Hyperactive (irrwitzige Mischung aus Groove-Sequenzen, Slapstick und Gesang), Einradfahrer Kai Uwe Ravnsborg und seine Jonglage-Gruppe, Party-Spaß-Aktionen und Disco mit DJ Sven Hölzer. Musikalischer Höhepunkt des Abends dürften Laura and her Tigers sein. Recht eigenwillig bieten sie eine Mischung aus Blues Brothers und lateinamerikanischen Rhythmen an.

das Pumpwerk: "The Pump Plant"
o. (oder)
20.00h (20 Uhr)
Fete: party, celebration
irrwitzig: crazy
Mischung: mixture

Gesang: singing
Einradfahrer: unicyclist
Jonglage (Jongleur): juggling
Höhepunkt: climax
recht eigenwillig: in an original way

1. Was für eine Party gibt es im „Pumpwerk"? _____

_____

2. An welchem Tag im August findet die Party statt? _____

_____

3. Wieviel kosten die Eintrittskarten°? _____ *tickets*

_____

4. Was soll die größte Attraktion auf der Party sein? Was für Musik spielen sie? _____

_____

_____

5. Was kann man sich sonst auf der Party anhören oder ansehen? _____

_____

_____

6. Im „Pumpwerk" finden oft multikulturelle Ereignisse statt. Welche Länder/Kulturen werden auf

dieser Party durch die Musiker und ihre Musik repräsentiert? _____

_____

_____

7. Englisch gebraucht man oft als internationale Sprache in der Welt der Musik und Kunst. Welche

englischen Wörter finden Sie in der Anzeige? _____

_____

_____

8. Was würden Sie gern auf der Party machen? Wählen Sie einen Programmpunkt°   here: *event*

und erklären Sie kurz, warum Sie den gewählt haben. _____

_____

_____

B. Besondere Zeitausdrücke aus den Texten. Eine Reporterin interviewt
einen Musiker nach einem Konzert der Berliner Philharmonie. Ergänzen
Sie seine Antworten, indem Sie für jede Antwort den richtigen
Zeitausdruck auswählen und einsetzen°.   *insert*

Reporterin: Sie haben als Kind den Nationalen Musikwettbewerb° „Jugend   *music competition*
musiziert" gewonnen, nicht wahr?

Musiker: Ja, das war _____ *(seit 1979;*
im Jahre 1979).

Reporterin: Müssen Sie immer noch jeden Tag üben?

Musiker: O ja! Normalerweise übe ich _____

_____ zu Hause *(zur gleichen Zeit; täglich von neun bis eins),* und am
Nachmittag haben wir immer Proben°.   *rehearsals*

Reporterin: Wann haben Sie denn angefangen, Klavier zu spielen?

Musiker: _____ *(Schon mit 5 Jahren; Ab fünf Jahre).*

Reporterin: Ich weiß, daß Sie sich nicht nur für klassische Musik interessieren.

Musiker: Ja, das stimmt. _____ spiele ich mit Freunden in einer Jazzband. *(Einmal in der Woche; Letzte Woche)*

Reporterin: Und was machen Sie sonst in Ihrer Freizeit?

Musiker: _____ gehe ich gern ins Fitneß-Studio. *(Montags und mittwochs; Vor einiger Zeit)*

C. Schreiben Sie nun Ihre eigenen Sätze oder einen Absatz. Benutzen Sie drei Ausdrücke aus **Übung B.**

_____

_____

_____

_____

D. Gedankenaustausch

1. Lesen Sie die folgenden kurzen Gespräche.

   a. Wie drückt man Ablehnung aus? *(How does one express rejection?)*

   „Was haltet ihr von der Gruppe XYZ?"
   –Die gefällt mir gar nicht.
   –Ich mag (die Sängerin) nicht.
   –Ich finde (ihre Musik) langweilig.

   b. Wie drückt man Unwillen aus? *(How does one express annoyance?)*

   „Ihr kennt doch Silvia und Joachim, oder? Sie haben mir gestern gesagt, sie
   hätten keine Zeit, uns mit dem Programm zu helfen."
   –Das ist aber ärgerlich.
   –Das finde ich gemein°.   *mean*
   –Ich finde das (von den Zweien) nicht sehr nett.

   c. Wie drückt man Überraschung aus? *(How does one express surprise?)*

   „Du hast recht – Markus' Gruppe spielt sehr gut. Aber sie ist viel zu teuer. Er
   will 4 000 Mark pro Konzert."
   –Das hätte ich nicht gedacht.
   –Nein! Das ist ja nicht zu fassen!°   *That's hard to believe.*
   –Das ist ja kaum zu glauben!
   –Das kann ich gar nicht glauben.

„Stellt euch vor, wir werden über 1 800 Mark verdienen."
–Das ist ja prima.
–Das ist ja toll.
–Ist das denn wirklich möglich?
–Ist das wirklich wahr?

2. Geben Sie die englischen Äquivalente für die folgenden Ausdrücke.

–Die gefällt mir gar nicht. _____

–Das finde ich gemein. _____

–Das ist ja kaum zu glauben. _____

3. Ergänzen Sie jetzt das kurze Gespräch weiter unten, indem Sie passende Ausdrücke aus **D.1** verwenden.

Heike: Willst du dir morgen abend das Hannover Quartett anhören?

Kirsten: Nein, _____

Heike: Willst du mit Erik und Sonja essen gehen?

Kirsten: Nein, _____

Heike: Also, hättest du denn Lust, den neuen Film mit Götz George zu sehen?

Kirsten: Nein, _____

Heike: Warum bist du plötzlich so schlecht gelaunt?

Kirsten: Tut mir leid. Die Wirtin° hat mir gerade gesagt, daß wir nächstes   *landlady*
Semester schon wieder mehr Miete bezahlen müssen.

Heike: _____

E. **Musik und Märchen.** Ein bekanntes Volkslied aus dem 19. Jahrhundert
reduziert den Inhalt des Märchens „Hänsel und Gretel" auf das Wichtigste. Das Volkslied steht weiter unten, aber die Zeilen sind
durcheinander°. Erzählen Sie die Geschichte von den zwei Kindern,   *mixed up*
indem Sie die Doppelzeilen des Liedes richtig ordnen°. Beginnen Sie mit   *arrange*
Zeile Nummer 4.

_____   Die Hexe° muß jetzt braten,   *witch*

          wir Kinder gehn nach Haus.

__2__   Sie kamen an ein Häuschen

          von Pfefferkuchen° fein: *gingerbread*

_____   Und als die Hexe ins Feuer schaut hinein,[1]

          wird sie gestoßen° von unserm Gretelein.   *pushed*

---
[1]For reasons of rhyme and rhythm some rules of German are violated, e.g., „Und als die Hexe ... schaut hinein"
(*hineinschaut*).

__1__	Hänsel und Gretel verirrten sich° im Wald,	**verirrten sich:** *lost their way*
	es war schon finster° und draußen bitter kalt.	*dark*
_____	Sie stellet sich° so freundlich,	**stellet sich:** *pretends to be*
	o Hänsel, welche Not!	
_____	Sie will dich braten	
	und backt dazwischen° Brot!	*in the meantime*
_____	Sieh', da schaut eine garst'ge° Hexe 'raus°,	*ugly, nasty* **schaut heraus:** *looks out*
	sie lockt° die Kinder ins kleine Zuckerhaus.	*entices*
__3__	Wer mag der Herr° wohl	*master*
	von diesem Häuschen sein°?	**mag sein:** *might be*
_____	Nun ist das Märchen	
	von Hänsel, Gretel aus°.	**ist aus:** *is over*

F. Kurz erzählt. Eine beliebte Briefmarkenserie° der deutschen Bundespost° reduziert den Inhalt des Märchens noch weiter – nämlich auf vier Bilder. Schreiben Sie eine sehr knappe° Version des Märchens in Prosa an Hand der° Briefmarkenbilder weiter unten.

stamp series
Federal Postal System
concise
an Hand der: *guided by*

Brauchbare Wörter

Substantive	*Verben*	*Andere Wörter*
der Wald	sich verlaufen (äu; ie, au): *to lose one's way*	ängstlich
die Brotkrümel: *bread crumbs*	werfen (i; a, o) (auf den Weg werfen)	garstig
die Vögel *(pl.)*	auf·fressen (frißt; fraß, e): *to eat up* *(used for animals and creatures)*	blaß
das Pfefferkuchenhaus: *gingerbread house*	locken: *to entice*	erschrocken
die Hexe	ein·sperren: *to lock up*	tapfer: *brave*
der Käfig: *cage*	erschrecken	
	retten	
	zurück·kehren	
	umarmen	

_____

_____

_____

_____

_____

G. Interview im Märchenland. Der Journalist Matthias Meyer spricht mit
Hänsel und Gretel über ihre Abenteuer° im Hexenwald. Benutzen Sie das   *adventures*
Volkslied **(Übung E)**, die Briefmarkenserie **(Übung F)** und Ausdrücke aus
Übung D, um ein Interview zwischen Herrn Meyer und Gretel und
Hänsel zu schreiben.

_____

_____

_____

_____

_____

_____

_____

_____

_____

_____

Thema 6 Die Welt der Arbeit

A. Was meinen Sie? In Ihrem Buch (auf Seite 137) finden Sie das Schaubild „Das Ansehen der Berufe". Welche Vorteile° und Nachteile° haben Ihrer Meinung nach die Berufe auf dem Schaubild, die die Deutschen am häufigsten° genannt haben? Benutzen Sie die folgende Skala, um die Berufe zu bewerten°.   *advantages / disadvantages most frequently evaluate*

Skala

1 = ja, fast immer
2 = manchmal
3 = selten
4 = nie

	Arzt / Ärztin	Zahnarzt / Zahnärztin	Handwerker / Handwerkerin	Apotheker / Apothekerin	Lehrer / Lehrerin	Rechtsanwalt / Rechtsanwältin	
a. Die Arbeit ist eine Herausforderung°.							*challenge*
b. Die Arbeit bietet Abwechslung°.							*variety*
c. Der Beruf kann viel Freude bringen.							
d. Der Arbeitsplatz ist sicher.							
e. Man hat viel Freizeit.							
f. Man kann gut verdienen.							
g. Man kann unabhängig arbeiten.							
h. Man kann beruflich aufsteigen.							

B. Der ideale Job? Würden Sie sich dafür interessieren, Professorin/Professor zu werden? Geben Sie an°, welche Vorteile und Nachteile für Sie bei Ihrer Entscheidung° wichtig sind.   *geben ... an: state decision*

Ihre Entscheidung: _____

Vorteile: _____

_____

Nachteile: _____

_____

C. Gedankenaustausch

1. Lesen Sie die folgenden kurzen Gespräche.
   Wie drückt man Bedauern aus? *(How does one express regret?)*

   „Könnten Sie morgen um zehn die Reparatur machen?"
   –Tut mir leid, aber (morgen um zehn) kann ich nicht.
   –Leider kann ich (morgen um zehn) nicht.
   –Leider geht das nicht. (Um zehn habe ich keine Zeit.)

   „Haben Sie Ihr Werkzeug° mitgebracht?"   *tools*
   –Unglücklicherweise° (habe ich es zu Hause liegen lassen.)   *unfortunately*
   –Es tut mir leid. (Ich habe es vergessen.)

   „Ich habe Sie gestern angerufen, aber es war niemand zu Hause."
   –So ein Pech!° (Ich war fast den ganzen Tag zu Hause.)   *That's too bad!*

2. Geben Sie die englischen Äquivalente für die folgenden Ausdrücke.

   –Es tut mir leid. _____

   –Unglücklicherweise kann ich nicht. _____

3. Schreiben Sie jetzt selbst kurze Gespräche, in denen Sie die Ausdrücke „unglücklicherweise" und „es tut mir leid" gebrauchen.

   > *So ein Pech!*

   Holger: *Na, wie war dein Interview?*

   Carolin: *Zuerst ging alles ganz prima, aber dann haben sie gefragt, ob ich in Kiel arbeiten würde. Aber jeden Tag von hier nach Kiel, das kommt natürlich nicht in Frage.*

   Holger: *Und was nun?*

   Carolin: *Sie brauchen unbedingt jemanden für Kiel. Also habe ich die Stelle nicht bekommen.*

   Holger: *So ein Pech!*

   a. *Unglücklicherweise ...*

   _____

   _____

   _____

   _____

   _____

b. *Es tut mir leid ... (oder: Es tut mir leid, aber ...)*

_____

_____

_____

_____

_____

D. Fahren Sie gern? Weiter unten finden Sie eine Anzeige° aus einer deutschen Zeitschrift. Lesen Sie die Anzeige, und beantworten Sie die Fragen.

ad

Fahrlehrer(in)° – als Voll- und Teilzeitkräfte° in ganz Deutschland gesucht. Wir bilden Sie in 5monatigen Ganztagslehrgängen° in Braunschweig, Magdeburg, Potsdam, Erfurt und Dresden aus. Preiswerte° Unterbringung° im Internat° möglich. Auf Wunsch Finanzierung° der Ausbildungskosten. Fahrlehrer-Fachschule° Winter, Jahnstr. 41, 38118 Braunschweig, Tel. (05 31) 3 60 01 59

---

driving instructor
Voll- und Teilzeitkräfte:
  full- and part-time
  employees
courses that meet all day
reasonably priced
housing
boarding house
financing
technical school

Fragen zur Anzeige

1. Zu welchem Beruf wird man ausgebildet? _____

   _____

2. Wie heißt die Fachschule? _____

   _____

3. Wie lange dauert die Ausbildung? _____

   _____

4. Wo kann man während der Ausbildung wohnen? _____

   _____

5. Wer kann helfen, die Ausbildungskosten zu finanzieren? _____

   _____

6. In welchen Städten findet man die Fachschule? _____

_____

7. Sehen Sie sich in Ihrem Übungsbuch (auf Seite 122) die Landkarte von
   Deutschland an. Wo liegen diese Städte: in Norddeutschland, in
   Süddeutschland oder im Zentrum° von Deutschland?   *center*

_____

_____

E. **Bewerbung.** Schreiben Sie jetzt einen kurzen Bewerbungsbrief an die
   Fahrlehrer-Fachschule in **Übung D.** Die Rolle des Bewerbers° oder der   *job applicant*
   Bewerberin können Sie selbst spielen, oder Sie können einen Bewerber
   oder eine Bewerberin erfinden°. Benutzen Sie den Bewerbungsbrief in   *invent, make up*
   Ihrem Buch (Seite 143) als Beispiel.

                                                        _____

                                                        _____

                                                        _____

_____

_____

_____

_____

_____

_____

_____

_____

_____

_____

F. Text: So sensibel°. Nach der Wende° ist das Arbeitslosenproblem eins der Hauptprobleme in Deutschland geworden. Arbeitslosigkeit bringt viel Streß mit sich. Die Hamburger Reisekauffrau° Claudia Wunderlich, 34, will den Arbeitslosen helfen. Aus einem staatlichen° Heim° an der Ostsee in der Ex-DDR hat sie ein Hotel, das John-Brinckmann-Haus, gemacht. In dem Hotel sind fast zwei Drittel der Betten für den Urlaub von Arbeitslosen reserviert. Lesen Sie im folgenden Artikel aus der Zeitschrift *Der Spiegel*, wie das funktioniert. Beantworten Sie dann die Fragen.

sensitive / turning point (revolution in GDR, 1989)
travel agent
state-owned / home

So sensibel

Nach zwei Wochen Ferien sieht Paula Weinert, 38, so fertig° aus, als ob sie dringend° Urlaub brauchte: sehr blaß, nervös und gar nicht gut gelaunt.

fertig (coll.): exhausted
urgently

Die alleinstehende° Frau ist mit ihrer Tochter Jasmin, 10, von Berlin-Marzahn an die Ostsee gereist und versucht hier, sich vom Nichtstun° auszuruhen°. Im vergangenen° Herbst hat sie, nach fast 20 Jahren, ihren Job als Sekretärin verloren.

single
idleness / sich ausruhen: to rest / last

Nach Boltenhagen, dem Badeort° zwischen Lübeck und Wismar, ist sie wegen des Kindes gekommen: „Für die Kleine ist das wichtig – mal raus aus diesem kaputten Berlin." Richtig genießen kann Paula Weinert den Urlaub nicht, immerhin° kann sie sich ihn leisten: In Boltenhagen steht – „einmalig° in Deutschland", so die ostdeutsche Presse – „ein Traumhotel für Arbeitslose" ...

seaside resort

nevertheless
unique

Knapp° zwei Drittel der 200 Betten sind für Arbeitslose reserviert: Die Halbpension° kostet zehn Mark pro Tag. Kinder bis zu zehn Jahren wohnen und essen umsonst°. Den Rest finanziert das Arbeitsamt°.

just under
breakfast and one warm meal
free of charge
employment office

Für den Hotel-Direktor Rudolf Arnold ist die Begrüßung° der Neuankömmlinge° jedesmal „ein heikler° Drahtseilakt°. Arbeitslose sind so sensibel" ...

greeting / new arrivals
delicate / tightrope act

Auch im John-Brinckmann-Haus wollen nur wenige über ihre Situation reden. Untereinander finden sie kaum Kontakt ...

Nur wenige wirken° so fröhlich, wie man das sonst von Urlaubern erwartet. Die Familie Reiß aus Deutschneudorf im Erzgebirge gehört zu diesen seltenen Ausnahmen°. Vater Manfred schult vom Fernfahrer° zum Zimmerer° um°, Mutter Petra hofft auf Heimarbeit; sie will Holzspielzeug basteln.

give the impression of being / exceptions
long-distance truck driver / carpenter
schult um: is being retrained

„Wir haben uns schon immer mit schwierigen Situationen abfinden° müssen", sagt Manfred Reiß. Für seine Familie ist das Angebot°, so günstig° Ferien zu machen, „einfach Klasse". Ohne einen Platz im Billigbetten-Hotel hätten sie es sich nicht leisten können, die drei Kinder „aus der schlechten Luft im Erzgebirge° herauszuholen".

sich abfinden: to make the best
offer / under such favorable conditions
mountainous region in Eastern Germany

Die Flucht° vor den alltäglichen Problemen gelingt nur wenigen Bewohnern des John-Brinckmann-Hauses. Die Eintragungen° im Gästebuch verraten° es: Von Freude und Erholung ist kaum etwas zu lesen – mehr von banger° Hoffnung und beschämter° Dankbarkeit. Eine Urlauberin aus dem Westen bemüht° zur Motivation ihrer Landsleute einen Sinnspruch°: „Ich träumte, das Leben wäre schön. Ich erwachte° und merkte, das Leben war Arbeit. Ich arbeitete und fand, das Leben war schön." ...

escape / entries / reveal
anxious / embarrassed
here: uses
maxim / awoke

Fragen zum Artikel

1. In welchem Beruf hat Frau Weinert gearbeitet? _____

   _____

2. Warum ist sie an die Ostsee gereist? _____

   _____

3. Wieviel kostet ein Zimmer im John-Brinckmann-Haus? _____

   _____

4. Wie viele Gäste sind arbeitslos? _____

   _____

5. Woran merkt man, daß Arbeitslose sensibel sind? _____

   _____

6. Inwiefern ist die Familie Reiß anders als andere Urlauber im Haus? _____

   _____

7. Was für Pläne haben Manfred und Petra Reiß für die Zukunft? _____

   _____

8. Warum ist es für die Reiß-Kinder besonders wichtig, Urlaub zu machen? _____

   _____

9. Inwiefern sind die Eintragungen im Gästebuch anders als in „normalen" Hotels? _____

   _____

10. Glauben Sie, daß der Spruch von der Urlauberin aus dem Westen die Arbeitslosen motivieren wird?

    Erklären Sie kurz. _____

    _____

Thema 7 Multikulturelle Gesellschaft

A. Essen gehen. Sie besuchen Freunde in Wiesbaden und wollen am Wochenende essen gehen. Ihre Freunde beschreiben einige Restaurants, die ihnen gefallen. Lesen Sie die Anzeigen und ergänzen Sie ihre Vorschläge.

CHINA-RESTAURANT »ASIA«
Wiesbaden, Friedrichsstr. 43
Telefon 37 06 36
Einzigartig in Wiesbaden, mit asiatischer Atmosphäre
Original chinesische Küche aus Peking und Shanghai.

Alte Münze RESTAURANT

Kulinarische Köstlichkeiten aus der Deutschen Küche

Kranzplatz 5-6 (am Kochbrunnen) · 6200 Wiesbaden · Tel. (0 61 21) 52 48 33
Geöffnet: Montag - Freitag 12 - 15 Uhr, 18 - 24 Uhr · Samstag 18 - 24 Uhr
Sonn- und Feiertage geschlossen · Tischbestellungen erbeten

Das ganz andere Restaurant

Tischlein deck dich

Töngesstraße 79 - 6500 Mainz-Ebersheim
Telefon 061 36/32 71

Das „Tischlein" deckt sich außer montags immer von 18.00 – 1.00 Uhr

ALT BUDAPEST
Unsere Köche · Unsere Kellner
und unsere Gastfreundschaft sind echt ungarisch
Original ungarische Zigeunerkapelle
tägl. v. 11.30 - 15.00 + 17.30 - 1.00 Uhr, Sa. v. 18 - 1 Uhr
Mo. Ruhetag - Telefon 0 61 21 / 37 05 27
6200 Wiesbaden - Albrechtstraße 21
Ungarisches Hotel und Restaurantunternehmen

einzigartig: unique

„Tischlein deck dich": Grimms' Märchen title
den Tisch decken: to set the table

Münze: coin
Köstlichkeiten: delicacies
Tischbestellungen erbeten: reservations requested

Köche: cooks
Gastfreundschaft: hospitality
Zigeunerkapelle: gypsy orchestra
Ruhetag: restaurant closed
-unternehmen: company

—Wenn du deutsche Spezialitäten willst, könnten wir zur _____. Wir

müßten aber heute abend dahin, denn sie ist _____ geschlossen.

—Wenn du etwas Exotisches essen willst, könnten wir zum _____ in der

Friedrichstraße gehen. Es hat _____ Atmosphäre, und das Essen ist

ausgezeichnet.

—Ab und zu haben wir Lust, eine _____ zu hören. Dann gehen

wir ins _____. Sie sind stolz darauf, daß ihre Kellner und

_____ echt ungarisch sind.

Übungen zum schriftlichen Ausdruck: Thema 7 **37**

_____ ist ein ungewöhnliches Restaurant. Es liegt nicht weit von

Wiesbaden in Mainz-Ebersheim. Wir könnten entweder heute abend oder morgen abend

dahin gehen, denn _____ montags ist es täglich von

_____ Uhr geöffnet.

Na – was meinen Sie? Sagen Sie Ihren Freunden, wo Sie essen wollen und warum.

_____

_____

B. Noch eine Anzeige. Schreiben Sie nun eine Anzeige für ein Restaurant in Wiesbaden.

Brauchbare Informationen: Name, Adresse, Telefon, Öffnungszeit,
Spezialitäten (z.B. chinesische, deutsche, französische°, griechische,   *French*
italienische, türkische, vietnamesische, ungarische Küche°)   *cuisine*

```



```

C. Besondere Ausdrücke. Ergänzen Sie die Postkarte mit passenden Ausdrücken aus der folgenden
Liste. Synonyme für die Ausdrücke stehen in Klammern am Ende jedes Satzes.

Sie stellen mir eine Frage.	[jemandem eine Frage stellen]
Wir freuen uns sehr auf Deinen Besuch im August.	[sich auf (+ *acc.*) etwas freuen
Wir sind jetzt im Urlaub.	[im Urlaub sein]
Ich habe einen griechischen Sprachkurs besucht.	[einen Sprachkurs besuchen]
Ich habe mich auf die Suche nach ihnen gemacht.	[sich auf die Suche (nach jemandem oder etwas) machen]

Liebe Britta,

schöne Grüße aus Griechenland°! Wir _____   *Greece*

_____ auf Kreta° (*machen jetzt Ferien*). Die Insel° und das   *Crete / island*

Meer sind wunderschön. Nur mit der Sprache ist es etwas schwierig. Wie Du

weißt, habe ich _____

(*Griechisch auf der Abendschule gehabt*). Aber es ist trotzdem sehr schwierig

für mich. Wenn die Leute _____

_____, antworte ich mit einer komischen Mischung° aus Deutsch,   *mixture*

Griechisch und manchmal sogar Englisch (*etwas von mir wissen wollen*).

   Ein Kollege von mir soll hier auf Kreta noch entfernte° Verwandte   *distant*

haben. Ich _____,

doch bis jetzt ohne Erfolg (*habe versucht, sie zu finden*).

_____ (*Es wird sicher sehr*

schön werden, wenn wir Dich am Ende des Sommers wiedersehen).

Bis dann,

Julia

D. Schreiben Sie nun Ihre eigenen Sätze oder einen Absatz. Benutzen Sie drei Ausdrücke aus **Übung C.**

_____

_____

_____

_____

E. Ausländische Mitbürger. Der folgende Text ist die Zusammenfassung
eines kurzen Artikels, der in einem Heft des Presse- und
Informationsamtes° der Bundesregierung („Politik") erschienen ist. Lesen   *Amt: office*
Sie den Text. Dann entscheiden Sie, ob die Aussagen weiter unten im
Sinne des Textes richtig (**R**) oder falsch (**F**) sind. Verbessern° Sie die   *correct*
falschen Aussagen.

   Es gibt in Deutschland viele Menschen, die sich für ganz normale
Deutsche halten, obwohl sie Nachkommen° von Ausländern sind. Da gibt   *descendants*
es zum Beispiel die Nachkommen der Hugenotten. Diese mußten aus
religiösen Gründen Frankreich verlassen. Oder es gibt die Nachkommen
von vielen tausend Polen im Ruhrgebiet°. Sie sind seit Generationen voll   *Ruhr industrial area*
integriert und fühlen sich in Deutschland zu Hause.
   Von den radikalen Gruppen hört man zwar sehr viel, weil sie so laut
sind. Aber die große Mehrheit° der Deutschen hat aus der Geschichte der   *majority*
letzten siebzig Jahre gelernt und ist nicht ausländerfeindlich. Das meint
jedenfalls Bundeskanzler Helmut Kohl. Er hält Deutschland für ein
ausländerfreundliches Land und glaubt, daß das auch so bleiben wird. Er
erklärte, daß die Deutschen ihren ausländischen Mitbürgern Toleranz
schulden°, daß viele von diesen seit langem in Deutschland leben, und   *owe*
daß ihr Fleiß zum Wohlstand° von allen beiträgt°.   *prosperity / contributes*

_____ 1. Viele Deutsche haben Vorfahren°, die aus West- und Osteuropa nach Deutschland eingewandert° sind.

ancestors
immigrated

_____

_____ 2. Der Bundeskanzler meint, die Mehrheit der Deutschen ist gegenüber Ausländern feindlich eingestellt°.

ist feindlich eingestellt:
has a hostile attitude

_____

_____ 3. Der Bundeskanzler meint, die ausländischen Bürger sollten gegen die deutschen Bürger Toleranz üben°.

practice

_____

_____ 4. Der Bundeskanzler meint, die ausländischen Mitbürger tragen nichts zu dem hohen Lebensstandard in Deutschland bei.

_____

F. Gedankenaustausch

1. Lesen Sie die folgenden Ausdrücke.

   a. Wie drückt man Freude aus? (*How does one express pleasure?*)

      „Das Komitee hat Eleni Papadiamandis als ‚Schriftstellerin des Jahres' nominiert. Was meint ihr dazu?"
      —Wir freuen uns mit ihr./Das freut uns sehr.
      —Wir sind begeistert.
      —Es freut mich, daß man sie endlich nominiert hat.
      —Wir sind sehr froh darüber.

   b. Wie äußert man eine Bitte? (*How does one make a request?*)

      „Ja, natürlich helfe ich euch. Was soll ich tun?"
      —Hättest du Lust, Plakate° für die Demonstration gegen Ausländerfeindlichkeit zu malen?

      posters

      —Hättest du Zeit, heute abend vorbeizukommen?
      —Könntest du uns am Freitagnachmittag helfen?/Wäre es möglich, daß du uns am Freitagnachmittag hilfst?
      —Könntest du mir einen Gefallen° tun und Plakate verteilen°?

      favor / distribute

      —Macht es dir etwas aus°, wenn wir uns um acht bei dir treffen?/Würde es dir etwas ausmachen, wenn wir uns um acht bei dir treffen?

      Do you mind?

2. Geben Sie die englischen Äquivalente für die folgenden Ausdrücke.

   —Wir sind sehr froh darüber. _____

   —Hättest du Lust, Plakate zu malen? _____

   —Könntest du mir einen Gefallen tun? _____

3. Erfinden Sie ein kleines Gespräch, in dem Sie den folgenden Ausdruck als ein Element benutzen.

   Macht es dir/Ihnen etwas aus?

   _____

   _____

   _____

   _____

G. Komm doch mit! Lesen Sie die folgende Anzeige für eine multikulturelle Fete° an der Universität Oldenburg. Schreiben Sie dann ein Telefongespräch zwischen Ihnen und einem Freund oder einer Freundin. Ihr Freund/Ihre Freundin hat schon Pläne für den Abend, aber Sie versuchen, ihn/sie zu überreden°, mit Ihnen zur Fete zu gehen.

party, celebration

persuade

F E T E
AStA° und HGAS°
Mit den Bands:
AFRIMA (traditionelle und moderne westafrikanische Tanzmusik, Schwerpunkt° percussion)
NARGILE (türkisch-griechische Band mit türk.-griechischer und Rembetiko-Musik, die ihren Ursprung° in der Zeit der großen Landflucht° in Griechenland zu Beginn dieses Jahrhunderts hat)
D i e Hochschulgruppe Ausländischer Studierender feiert an diesem Abend ihr zehnjähriges Bestehen°.

11.2. / Uni-Foyer

AStA (Allgemeiner Studenten Ausschuß):
  General Student Committee
HGAS (Hochschulgruppe Ausländischer Studierender)
emphasis on
origin / rural exodus

existence

_____

_____

_____

_____

_____

_____

_____

Thema 8 Partnerschaft

A. Wie beschreibt man sich selbst? Heiratsanzeigen° sind eine besondere
Art von Beschreibung, in denen eine Person sich ganz kurz selbst charak-
terisiert. Lesen Sie die zwei Heiratsanzeigen weiter unten, dann
beantworten Sie die Fragen in vollständigen Sätzen.

marriage ads

> Weihnachtswunsch! Wer ist auch einsam und möchte bald heiraten?
> Bin 29/177°, Nichttänzer und suche einfache treue Partnerin bis 33 J.
> Kind kein Hindernis°. Zuschr. unt.°
> W 6918 NWZ°

177 cm groß
obstacle
Zuschriften unter:
  letter c/o
Nordwest-Zeitung
  (Oldenburg)

Wie sieht der Schreiber sich selbst, und was hält er für wichtig?

1. Wie alt ist er? Wie groß ist er? _____

2. Wie alt soll die Partnerin sein? _____

3. Was für eine Partnerin sucht er? _____

4. Was hält er von einer Frau mit Kind? _____

5. Warum schreibt er die Anzeige? _____

> Einen siamesischen Zwilling° suche ich nicht, aber einen Menschen,
> der noch neugierig° ist, mit dem ich lachen, reisen, radfahren, dis-
> kutieren, im Regen spazierengehen kann u.a.° mehr. 32j. blond,
> schlankes, nicht häßliches weibl. Wesen° (1,61 gr.°), manchmal roman-
> tisch, manchmal ironisch, linksliberal mit Interesse an pol. u. soz.°
> Fragen, Leseratte°. Trage gern Jeans, liebe Graphik°, hasse Statussym-
> bole und Pedanten. Seien Sie mutig, schreiben Sie kurz oder lang an
> ZD 1466 *Die Zeit*, Postfach° 10 68 20, 20095 Hamburg.

twin
curious
und anderes
*being / **1,61 m groß***
an politischen und
  sozialen
bookworm / graphic arts
post office box

Wie sieht die Schreiberin sich selbst, und was hält sie für wichtig?

1. Wie sieht sie aus? _____

2. Was trägt sie gern? _____

3. Was sucht sie nicht? _____

4. Was tut sie gern? _____

   _____

5. Was haßt sie? _____

6. Wofür interessiert sie sich? _____

B. Noch eine Anzeige. Gebrauchen Sie Ihre Fantasie, und schreiben Sie jetzt eine Heiratsanzeige für sich selbst oder für eine Person in Grimms „Bärenhäuter" (der Soldat/Bärenhäuter; der Vater; die jüngste Tochter; eine von den älteren Töchtern).

_____

_____

_____

_____

C. Feiern wir! Neben Heiratsanzeigen erscheinen auch Familienanzeigen° regelmäßig in vielen deutschen Lokalzeitungen°. Die Anzeigen weiter unten beziehen sich auf° wichtige Ereignisse in vielen Ehen. Lesen Sie die Anzeigen und beantworten Sie die Fragen.

family notices
local newspapers
beziehen sich auf:
relate to

Herzlichen Dank

für die vielen Glückwünsche°, Blumen, Geschenke und Überraschungen° anläßlich° unserer Hochzeit°. Wir haben uns sehr darüber gefreut. Ein besonderer Dank gilt° unseren Eltern, Geschwistern°, Freunden, Kollegen und allen Nachbarn, die zum Gelingen° der Hochzeitsfeier beigetragen° haben.

Nina Wulf   **Lars Hendrik**

congratulations
surprises
on the occasion of
wedding
is intended for
brothers and sisters
success
contributed

1. a. Was haben Nina Wulf und Lars Hendrik gerade gefeiert?

   _____

   b. Wofür möchten sie sich bedanken°?

   to express thanks

   _____

   c. Welchen Familienmitgliedern möchten sie besonders danken?

   _____

Maria hat ein Brüderchen bekommen.

Philipp
★28.12.1993

Mit ihr freuen sich über die Geburt° unseres Sohnes
Tanja Behrens geb.° Seeger
Jens Behrens

birth
geb. (geborene): née
(maiden name)

2. a. Wer hat die Anzeige geschrieben? _____

    b. Was wird bekanntgegeben°? _____   *announced*

    c. Wer ist Maria? _____

    d. Welches Symbol steht vor dem Datum? _____

Ein herzliches Dankeschön

sagen wir allen, die uns zu unserer Goldenen
Hochzeit mit Glückwünschen, Blumen und
Geschenken erfreuten° und so schön mit uns
feierten. Einen besonderen Dank unseren Kindern
und Enkelkindern.° Einen ganz besonderen Dank
an unsere Nachbarn für die wunderschöne
Ausschmückung° von Haus und Zelt.

Bernd und Gisela Hartmut
Cloppenburg, Meisenweg 15

delighted
grandchildren
decoration

3. a. Wofür möchten Bernd und Gisela Hartmut sich bedanken? _____

    _____

    b. Welchen Familienmitgliedern° möchten sie besonders danken? _____

    c. Wer hat das Haus und das Zelt dekoriert? _____

4. Sind Anzeigen und schriftliche Danksagungen° in der Zeitung bei
   Hochzeiten, Ehejubiläen° und Geburten bei Ihnen üblich°? Erklären Sie.

expressions of thanks
wedding anniversaries
customary

_____

_____

5. „Blumen begleiten den Menschen von der Wiege° bis zur Bahre°." In
   Deutschland schenkt man oft Blumen zur Geburt, zur Taufe°, zur Hochzeit,
   zu Jubiläumsfeiern und zur Beerdigung°. Ein Blumenstrauß° als kleines
   Geschenk bei Einladungen ist auch üblich. Wem und wann schenken Sie
   Blumen?

cradle / bier
baptism
funeral service
bouquet

_____

_____

_____

D. **Besondere Ausdrücke.** Ergänzen Sie den fiktiven° Tagebucheintrag° von
   Clara Wieck mit passenden Ausdrücken aus der folgenden Liste.
   Synonyme für die Ausdrücke stehen in Klammern am Ende jedes Satzes.

fictitious
diary entry

Er schreibt mir über die interessantesten Sachen.   [jemandem über (+ *acc.*) etwas schreiben]
Er geht an seinem Bild vorbei.   [an jemandem oder etwas vorbeigehen]
Ich warte auf Post von ihm.   [auf jemanden oder etwas warten]
Ich gebe meine Konzertreisen auf.   [etwas aufgeben]

Jeden Tag _____ (*ist mein erster*

Gedanke, ob wohl Post von ihm angekommen ist). Seine Briefe scheinen mir

manchmal das Wichtigste in meinem Leben. Meistens _____

_____ Liebe, Arbeit, Schicksal

und nochmals Liebe (*bringt er die poetischsten Gedanken zu Papier*).

Vater fürchtet, daß ich wegen dieses Komponisten _____

_____ (*nicht mehr an meine Zukunft denke*). Schon

der Gedanke daran ärgert Vater unendlich. Er kann nicht einmal

_____, ohne den Kopf zu

schütteln (*Roberts Foto flüchtig° ansehen*).

fleetingly

E. Schreiben Sie nun Ihre eigenen Sätze oder einen Absatz. Benutzen Sie drei Ausdrücke aus **Übung D.**

_____

_____

_____

_____

F. **Gedankenaustausch**

1. Lesen Sie die folgenden kurzen Gespräche.

   a. Wie drückt man Gleichgültigkeit aus? (*How does one express indifference?*)

   „Willst du diese Woche lieber kochen oder einkaufen?"
   –Es ist mir egal, (ob ich koche oder einkaufe).
   –Das ist mir einerlei°.   *all the same*

   „Du – es tut mir leid, aber ich habe heute einfach keine Zeit, das Auto zu
   waschen. Vielleicht morgen ...?"
   –Macht nichts.
   –Meinetwegen.

   „Du weißt, ich backe überhaupt nicht gern. Können wir nicht für morgen
   nachmittag etwas in der Konditorei kaufen?"
   –Ich habe nichts dagegen.
   –Das kannst du machen, wie du willst.

   b. Wie reagiert man auf eine Bitte? (*How does one respond to a request?*)

   „Ich mache am Wochenende Apfelmus°. Könntest du mir dabei helfen?"   *applesauce*
   –Natürlich.
   –Selbstverständlich.
   –Gern.

   „Morgen sollten wir wirklich endlich die Gartenarbeit machen. Könnten
   wir um acht anfangen?"
   –(Es tut mir leid, aber) morgen geht das nicht.
   –Ach, das ist doch viel zu früh.
   –Machen wir!
   –Okay. Geht in Ordnung.

2. Geben Sie die englischen Äquivalente für die folgenden Ausdrücke.

   –Macht nichts. _____

   –Es tut mir leid, aber es geht morgen nicht. _____

   –Machen wir! _____

Übungen zum schriftlichen Ausdruck: Thema 8 **47**

3. Ergänzen Sie jetzt das kurze Gespräch weiter unten, indem Sie passende Ausdrücke aus **F.1.a** und **b** verwenden.

Die Situation: Michael verbringt das Wochenende bei seinem Bruder Patrick.

Patrick: Willst du heute früh mit zum Einkaufen kommen?

Michael: _____

Patrick: Soll ich Schnitzel zum Mittagessen machen oder Spaghetti?

Michael: _____

Patrick: Also dann mache ich Spaghetti.

Michael: _____

Patrick: Und hinterher essen wir Obsttorte.

Michael: _____

G. „Können Väter gute Mütter sein?" Lesen Sie den folgenden Auszug aus einem Artikel (erschienen in der *Nordamerikanischen Wochen-Post*).

Können Väter gute Mütter sein? Können sie Signale von Babys ebenso interpretieren wie° Mütter? Fragen, die sich Wissenschaftler in den vergangenen° Jahren zunehmend° stellten. Die Väter wurden zum Forschungsgegenstand°. Mit überraschenden Ergebnissen°, wie sich an der Universität Hamburg zeigte.

Der Psychologie-Professor Stefan Schmidtchen und die Diplom-Psychologin Antje Struwe ließen die Kameras in den Kinderzimmern verschiedener Familien installieren, um auf diese Weise über Wochen die Verhaltensweisen° von Vätern zu beobachten. Die Kameras waren auf den Wickeltisch° ausgerichtet° und schalteten sich immer dann selbständig ein°, wenn das Kind weinte oder laute Geräusche° von sich gab.

Noch ist die Untersuchung° nicht abgeschlossen°, aber aus den bisherigen° Auswertungen° schließen die Psychologen, daß Liebe und Bindung° zwischen Eltern und Kleinkindern erlernbar sind. Dabei kommt es nicht auf das Geschlecht an°. „Liebe ist eine soziale Erfahrung", sagt Antje Struwe. Und Professor Schmidtchen ergänzt°: „Im Gegensatz° zu den traditionellen Annahmen°, wonach nur die Mutter für die Versorgung° und die liebevolle Begegnung mit dem Kind wichtig ist, deutet sich in unserer Untersuchung an°, daß der Vater dazu in der gleichen Weise befähigt° ist."

ebenso wie: in the same way as
past / increasingly
research subject
results

behavior
changing table / focused on
schalteten ein: turned on / noises
study / concluded to date / analyses
bonding
auf etwas ankommen: to depend on
adds / contrast
assumptions
care
sich andeuten: to indicate
capable

Vergleichen Sie jetzt die folgenden Aussagen mit dem Text. Schreiben Sie **R** (richtig), **F** (falsch) oder **U** (es gibt unzureichende° Informationen).

insufficient

_____ 1. Professor Schmidtchen und Antje Struwe untersuchten° das Verhältnis° zwischen Vätern und Kleinkindern.

researched
relationship

_____ 2. Professor Schmidtchen und Antje Struwe sind die ersten Psychologen, die das Verhältnis zwischen Vater und Baby beobachtet haben.

_____ 3. In der Untersuchung hat man Kameras in fünfundzwanzig Kinderzimmern installiert.

_____ 4. Professor Schmidtchen und Antje Struwes Untersuchung dauerte sechs Monate.

_____ 5. In dem traditionellen Familienbild sind Väter nicht so geeignet°   *suited*
wie Mütter, für die Kinder zu sorgen.

_____ 6. Schmidtchen und Struwe meinen, daß Väter genausogut wie Mütter Liebe und Bindung lernen können.

H. Mini-Märchen. Bilden Sie eine Gruppe von 3 bis 6 Studenten. Gebrauchen Sie Ihre Fantasie und erfinden Sie mit Hilfe der folgenden Fragen ein kurzes Märchen. Die ganze Gruppe kann alle Fragen durcharbeiten, oder das Märchen kann als Kettenerzählung° entstehen° –   *chain story / develop*
d.h. eine Person beantwortet die erste Frage, eine andere Person die zweite, usw. Jeder macht sich Notizen. Präsentieren Sie Ihr Märchen der Klasse als einfache Erzählung (eine Person erzählt), als Erzählung mit Pantomime, als Erzählung mit Dialog oder als Kettenerzählung.

1. Wählen und beschreiben Sie eine Person, die die Heldin° oder der Held Ihres   *hero*
Märchens sein wird.

_____

_____

2. Erklären Sie, was sie/er braucht oder sich wünscht, um glücklich zu sein
(z.B. Weisheit°, Liebe, Gesundheit; Geld).   *wisdom*

_____

_____

3. Erzählen Sie, wie das Abenteuer° beginnt (z.B. in einen dunklen Wald gehen;   *adventure*
fliegender Teppich).

_____

_____

4. Endlich erreicht die Heldin/der Held das Ziel der Reise. Beschreiben Sie diesen
Ort (z.B. unbekanntes Land; Planet; Schloß; Insel°).   *island*

_____

_____

_____

5. Es ist der Ort, wo der Feind der Heldin/des Helden lebt. Beschreiben Sie den Feind (z.B. böse Königin/böser König; fantastische Gestalten; Tier) und den Konflikt (z.B. gefangen werden°; verletzen; verzaubern°; befreien°).

gefangen werden: to be captured
to put a spell on
to free

_____

_____

_____

6. Finden Sie ein passendes Ende für Ihr Märchen.

_____

_____

_____

Thema 9 Verkehr

A. Im Stau warten. Ein langer Stau hat sich gebildet. Beschreiben Sie die Insassen verschiedener Fahrzeuge. Erste Lücke: Bilden Sie ein Substantiv mit der Endung *-erin/-er* aus den Wörtern in Klammern, und setzen Sie es ein. Zweite Lücke: Setzen Sie in jedem Satz ein passendes Fahrzeug aus der folgenden Liste ein.

der Audi		der Mercedes	
der BMW		der Oldtimer°	*vintage car*
der Bus		die Straßenbahn	
der Geländewagen°	*all-terrain vehicle*	das Taxi	
das Kabriolett°	*convertible*	der VW	
der Lastwagen			

> *Die Lehrerin/Der Lehrer in dem VW* korrigiert Hefte. (jemand, der Kinder **lehrt**)
> *Die Kritikerin in dem BMW* liest die Zeitung. (eine Frau, die **Kritiken** schreibt)

1. _____ _____ sieht sich den Stadtplan an. (jemand, der ein Fahrzeug **fährt**)

2. _____ _____ schreibt einen Brief. (eine Frau, die aus dem **Ausland** kommt)

3. _____ _____ ißt ein Butterbrot. (ein Kind, das die **Schule** besucht)

4. _____ _____ träumt von einer Reise nach Italien. (ein Mann, der **malt**)

5. _____ _____ regt sich auf. (jemand, der **Pläne** für die **Stadt** entwickelt)

6. _____ _____ unterhält sich mit seinem Freund. (ein Mann, der in einer **Fabrik arbeitet**)

7. _____ _____ sieht sich die neue Preisliste an. (eine Frau, die Waren **verkauft**)

B. Familienfest. Auf einem Familienfest ist ein Lieblingsthema „Autofahren". Schreiben Sie kurze Erwiderungen zu den folgenden Aussagen. Sie können mit den Aussagen übereinstimmen und weitere Argumente beitragen°, oder Sie können dagegen argumentieren.   *contribute*

1. Eine Kusine von Ihnen meint: Unseren Eltern hat das Autofahren noch Spaß gemacht. Von uns kann ich das leider nicht sagen.

Ihre Erwiderung: _____

_____

2. Onkel Emil sagt: Ich lasse mein Auto zu Hause und fahre nur mit dem Bus.

Ihre Erwiderung: _____

_____

3. Tante Marie bemerkt: Bei uns sind Autos in der Innenstadt° schon lange   *city center*
verboten.

Ihre Erwiderung: _____

_____

4. Ein Vetter von Ihnen sagt: Ich will mir einen großen Geländewagen kaufen.

Ihre Erwiderung: _____

_____

5. Die Großeltern sagen: Ach, die Jugendlichen von heute – sie fahren alle so
rücksichtslos°.   *recklessly*

Ihre Erwiderung: _____

_____

C. **Wovon spricht man?** Bilden Sie neue Substantive mit *-heit* oder *-keit* aus den gegebenen
Adjektiven. (Lesen Sie die Erklärung im Buch auf Seite 218, um zu entscheiden, welches Suffix
man benutzt.)

> Wenn die Nachbarn *freundlich* sind, sprechen wir von ihrer *Freundlichkeit*.

1. Wenn ein Volk frei ist, sprechen wir von seiner _____.

2. Wenn die Jugendlichen höflich sind, sprechen wir von ihrer _____.

3. Wenn Menschen gesund sind, sprechen wir von ihrer guten _____.

4. Wenn Leute ehrlich sind, sprechen wir von ihrer _____.

5. Wenn etwas schwierig ist, spricht man von _____.

6. Wenn ein Kunstwerk schön ist, spricht man von _____.

7. Wenn Leute einsam sind, sprechen wir von ihrer _____.

8. Wenn Menschen selbständig° sind, spricht man von ihrer   *independent*

_____.

D. Gedankenaustausch

1. Lesen Sie die folgenden kurzen Gespräche.

   a. Wie klärt man ein Mißverständnis? *(How does one correct a misunderstanding?)*

   „Jens, habe ich dich richtig verstanden? Du sagst, du willst dein Auto verkaufen?"
   –Das mußt du falsch verstanden haben.
   –Entschuldigung, aber das ist ein Irrtum°.   *mistake*
   –Das war nicht mein Ernst.
   –Das habe ich nur aus Spaß gesagt.

   b. Wie drückt man Anerkennung aus? *(How does one express appreciation?)*

   „Jörg hat mir gesagt, er kann uns während seiner Ferien fast jeden Tag helfen, und seine Frau auch."
   –Das sind nette Leute.
   –Der ist wirklich nett.
   –Das ist aber nett von ihnen.

   „Also, hier sind die Pläne für unseren Fahrradladen.
   –Erstklassig.
   –Ausgezeichnet.

   „Wenn ihr wollt, kann ich jeden Morgen den Laden aufmachen."
   –Ach, wie schön.
   –Toll.

2. Geben Sie die englischen Äquivalente für die folgenden Ausdrücke.

   –Das mußt du falsch verstanden haben. _____

   –Das habe ich nur aus Spaß gesagt. _____

   –Die ist wirklich nett. _____

3. Ergänzen Sie jetzt das kurze Gespräch weiter unten, indem Sie passende Ausdrücke aus **D.1.a** und **b** verwenden.

   Nicole: Du sagst, ich verstehe nichts von Autos?

   Markus: Ach, _____.

   Nicole: Hör mal, ich habe mich entschlossen°, nächsten Herbst eine   *decided*
   Ausbildung als Kfz°-Mechanikerin zu beginnen.   *Kfz (Kraftfahrzeug):*
                                                                                  automobile

   Markus: _____. Und was machst
   du inzwischen?

   Nicole: Julia und Peter haben mir gesagt, ich könnte bei ihnen im Laden arbeiten.

   Markus: _____! _____.

E. Autoteile. Bekannte wollen Ihnen ihr Auto zu einem außerordentlich° *exceptionally* niedrigen Preis verkaufen. Nachdem Sie es sich angesehen haben, verstehen Sie warum. Lesen Sie zuerst die „Verwandten Wörter" weiter unten. Dann identifizieren Sie die kaputten Teile des Autos. Schreiben Sie die passenden Buchstaben aus der Liste von Autoteilen weiter unten neben die richtigen Zahlen.

Verwandte Wörter

bremsen: *to brake*
der Gurt: *belt*
hupen: *to honk*
puffen: *to puff*
schalten: *to change gears*
die Scheibe: *pane*

der Schein: *gleam, shine*
der Schutz: *protection, shield*
die Sicherheit: *security, safety*
die Stange: *bar, rod*
steuern: *to steer, drive*
stoßen: *to ram, push*

Autoteile

a. der Auspuff
b. der Blinker
c. die Bremse
d. der linke Hinterreifen
e. die Hupe
f. der Kühler
g. der Motor

h. die Schaltung
i. der linke Scheinwerfer
j. der Sicherheitsgurt
k. das Steuerrad
l. die Stoßstange
m. die Windschutzscheibe

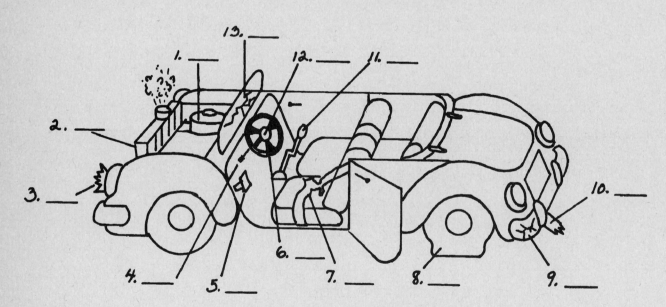

F. Eine Karre°? Sie sprechen mit Ihrem Automechaniker und beschreiben *heap* das Auto. Vervollständigen Sie die Sätze weiter unten mit den passenden Autoteilen aus der Liste in **Übung E.**

1. _____ _____ hat mehrere Löcher°. Ich muß immer Wasser *holes* nachfüllen.

2. _____ _____ ist viel zu schwach. Ich kann sie kaum hören.

3. _____ _____ funktioniert nicht richtig. Das Auto zieht nach links, wenn ich anhalte.

4. Bei Nacht kann man nicht weit genug sehen, weil _____ _____

   _____ defekt ist.

5. Ich glaube, _____ _____ _____
   ist abgefahren und hat Löcher. Man muß wahrscheinlich einen neuen kaufen.

6. Mit dem Auto kann man nur vorwärts fahren. Etwas ist nicht in Ordnung mit _____

   _____.

7. Jemand ist gegen das Auto gefahren und hat _____ _____

   _____ verbeult°.   *dented*

8. _____ _____ springt nicht sofort an° und wird sehr   *springt an: start*
   heiß.

G. **Sich entschließen.** Schreiben Sie ein Gespräch, in dem Sie und die Bekannten über das Auto sprechen. Erklären Sie, warum Sie das Auto kaufen (oder nicht kaufen) wollen.

Brauchbare Wörter

die Reparatur	dauern	hoch
der Preis	kosten	niedrig
die Automechanikerin/der	reparieren, selbst reparieren	gefährlich
Automechaniker		
zu einer Autowerkstatt fahren		

_____

_____

_____

_____

_____

Thema 10 Umwelt

A. Autoaufkleber°. „Mehr grün!" „Tank bleifrei!°" „Schmetterlinge° sterben aus – Aussterben° ist für immer." Autoaufkleber zum Problem Umweltschutz° sieht man überall in Deutschland. Schreiben Sie den Text für zwei Autoaufkleber zu diesem Problem.

bumper stickers
Fill up with lead free!
butterflies
extinction
environmental
  protection

1. _____

   _____

2. _____

   _____

B. Was nun? Heute hört und liest man viel in deutschsprachigen Ländern über gefährdete° Vogel- und Tierarten°. Lesen Sie die folgende Anzeige aus einer deutschen Zeitung.

endangered
-arten: species

Alle Jahre Wieder...

Viele Millionen Zugvögel aus Nord-, Mittel- und Osteuropa kommen jährlich auf ihrer Reise in den Süden ums Leben! Die Bedrohung durch den Menschen kennt keine Grenzen. Diejenigen Vögel, die die Rückreise in den Norden überlebt haben, finden immer weniger geeignete Lebensräume vor. Ihre seit jeher aufgesuchten Brut- und Rastplätze sind verschwunden. Die Liste der vom Aussterben bedrohten Arten ist lang geworden. Viel zu lang!

Helfen Sie mit!
Unterstützen Sie den DBV bei nationalen und internationalen Rettungsaktionen für Zugvögel.

Bitte senden Sie mir die 16-seitige Farbbroschüre und das Plakat über Zugvögel zu (2.-DM Rückporto liegt bei).

Absender _____

_____

Spendenkonto: Zugvogelschutz
44 990 Sparkasse Bonn (BLZ 38050000)

Naturschutzverband Deutscher
Bund für Vogelschutz
Am Hofgarten 4
53113 Bonn

Zugvögel: migratory birds
kommen ums Leben: perish
Bedrohung: threat
überlebt: survived
geeignet: suitable
finden vor: find
seit jeher: from time immemorial
aufgesucht: located
Brutplätze: nesting sites

DBV (Deutscher Bund für Vogelschutz): German
*   Association for Bird Protection*
Rettungsaktionen: rescue campaigns
Rückporto: return postage
liegt bei: is enclosed
Absender: sender
Naturschutzverband: association for wild-life
*   conservation*
Spendenkonto: bank account for contributions
Sparkasse: savings bank

1. Sie lesen jetzt fünf Aussagen zum Text. Schreiben Sie **R** (richtig) oder **F** (falsch).

    _____ a. Jedes Jahr sterben viele Vögel auf ihrem Zug° in den Süden.   *migration*

    _____ b. Es gibt in Nordeuropa immer mehr Rastplätze für Zugvögel.

    _____ c. Es besteht zur Zeit keine Gefahr, daß einige Arten von Zugvögeln
               aussterben.

    _____ d. Es gibt nationale und internationale Organisationen, die sich um
               das Schicksal der Zugvögel kümmern.

    _____ e. Es ist möglich, weitere Informationen zu diesem Thema von dem
               DBV zu bestellen.

2. Beantworten Sie jetzt die folgenden Fragen.

    a. Welche Arten von Zugvögeln verbringen den Winter oder aber den

       Sommer bei Ihnen (z.B. Rohrsänger°, Schwalben°, Enten°, Gänse°,   *warblers / swallows /*
                                                                                ducks / geese
       Schwäne°)? Glauben Sie, daß ihre Brutplätze verschwinden? Warum   *swans*

       (nicht)? _____

       _____

       _____

    b. Was machen Organisationen bei Ihnen, um gefährdeten Vogel- oder Tierarten zu helfen?

       _____

       _____

C.   Lösung eines Umweltproblems?   Airbus Industries ist eine europäische
Firma, die Passagierflugzeuge herstellt. Die Firma gehört vier Ländern.
Jedes Land baut nur Teile der Flugzeuge. Lesen Sie die folgenden
Informationen über einen Airbus-Flugzeugtyp, und gebrauchen Sie die
Fakten, um eine Anzeige für diesen Airbus zu schreiben. Betonen° Sie,   *emphasize*
daß der Airbus umweltfreundlich ist.

der Airbus hat Platz für 253 Passagiere
er ist in der Luft schnell – 870km/h
er ist am Boden schnell – 45 Minuten nach der Landung kann er wieder
   starten
ein Computer im Cockpit kontrolliert die Leistung° des Motors besser und   *performance*
   schneller als ein Mensch
die Motoren sind sehr leise
die Motoren verbrauchen wenig Kraftstoff°   *fuel*
der Airbus ist ein Spezialist für kurze Strecken° (Etwa 70 Prozent aller   *distances*
   Flüge gehen über kurze Strecken.)
ein sehr erfolgreiches° Flugzeug – mehrere Hundert Airbusse sind   *successful*
   schon verkauft.
er bietet Lösungen der Umweltprobleme Lärm (Verkehrslärm, Fluglärm) und
   Luftverschmutzung

_____

_____

_____

_____

D.   Gedankenaustausch

1.   Lesen Sie die folgenden Ausdrücke.

Wie äußert man gute Wünsche? *(How does one express good wishes?)*
–Gute Besserung°!   *recovery*
–Alles Gute!
–Prost!°   *Cheers!*
–Viel Glück!
–Ich drücke (dir) die Daumen°.   *thumbs*
–Gute Reise!
–Ich wünsche Ihnen gute Reise.
–(Ich wünsche) guten Appetit.
–Viel Vergnügen!
–Viel Spaß!
–Herzlichen Glückwunsch°!   *Happy Birthday!*
                                                                             Congratulations!

2. Geben Sie die deutschen Äquivalente für die folgenden Ausdrücke.

    –All the best! _____

    –I'll keep my fingers crossed. _____

    –Get well soon! _____

3. Ergänzen Sie die folgenden Gespräche mit passenden Ausdrücken aus **D.1.**

    a. –Ich habe gehört, daß Sie auf der „Internationalen Versammlung° für   *meeting*
       Immissionsschutz" sprechen. Wann fahren Sie denn ab?
      –Morgen früh um acht. Ich fliege direkt nach London und von da aus nach New York.
      – _____ !

    b. –Christian, Anna hat mir gesagt, du fährst übermorgen nach Berlin.
      –Das stimmt. Die Bundesanstalt° für Naturschutz hat mir endlich   *federal institute*
       geschrieben, und ich habe am Donnerstag ein Vorstellungsgespräch°   *job interview*
       bei der Direktorin.
      –Das ist ja prima. _____ .

    c. –Schade, daß du nicht zur Party kommen kannst. Es ist aber wirklich nett
       von dir, uns deinen Kassettenrecorder zu leihen.
      –Ach, nichts zu danken. _____ .

    d. –Bitte sehr – einmal Schnitzel mit Salat und einmal Gulasch. Sonst noch etwas?
      –Nein, danke.
      – _____ .

4. Jetzt schreiben Sie selbst ein kleines Gespräch, in dem Sie den folgenden Ausdruck als ein Element benutzen.

    Herzlichen Glückwunsch!

    _____

    _____

    _____

    _____

E. **Sätze zum Wortschatz.** Benutzen Sie jedes Wort aus der Liste weiter unten in einem oder mehreren Sätzen. Ihre Sätze sollen zeigen, daß Sie wissen, in welcher Situtation man jedes Wort gebrauchen kann.

die Wissenschaftlerin/der Wissenschaftler _____

_____

verbrauchen _____

_____

der Feierabend _____

_____

blicken _____

_____

verschwenden _____

_____

F. **Umweltschutz.** „Als Umweltschützer wird man nicht geboren – man muß es lernen." So heißt es in einer Broschüre der Bundesregierung zum Thema Umweltschutz. Weiter unten sehen Sie eine Liste von sechs „Tatsachen und Tips" aus der Broschüre und eine Liste von Kapiteltiteln. Verbinden Sie die „Tatsachen und Tips" mit den passenden Kapiteltiteln.

Tatsachen und Tips

1. Alte Zeitungen, Küchenabfälle°, leere Flaschen – 38 Millionen Tonnen   *kitchen garbage*
    jährlich in Deutschland. Man könnte damit eine Million Eisenbahnwaggons
    füllen.

2. Lassen Sie jedes Jahr Ihre Kamine° kontrollieren. Fachleute dafür sind die   *chimney*
    Schornsteinfeger°, zu deren Pflichten die regelmäßige Überprüfung° der   *chimney sweeps /*
    Immissionen gehört.   *testing*

3. In Deutschland werden jährlich etwa 45 Millionen Stück Quecksilberbatterien
    verbraucht. Wenn man die verbrauchten Batterien zurückgibt, dient man dem
    Schutz der Umwelt vor dem giftigen° Schwermetall.   *poisonous*

4. Viel umweltfreundlicher ist der gute alte Handmäher°. *(Paßt zu zwei*   *push (lawn) mower*
    Kapiteltiteln.)

5. Die privaten Haushalte verbrauchen im Jahr drei Millionen Tonnen Glas.

6. Wenn wir unser Auto auf der Straße waschen, können Schmutz und
    Waschmittel° in den Boden eindringen°. In vielen Gemeinden° ist das   *cleaning compounds*
    Autowaschen auf der Straße deshalb verboten. *(Paßt zu zwei Kapiteltiteln.)*   *permeate /*
        communities

Kapiteltitel

_____ _____ a. „Wie Sie mithelfen können, die Luft sauberzuhalten."

_____ b. „Wie Sie mithelfen können, Wasser zu sparen und reinzuhalten."

_____ _____ c. „Wie Sie mithelfen können, den Boden zu schützen°."   *protect*

_____ _____ d. „Wie Sie mithelfen können, den Abfallberg° kleiner zu halten."   *mountain of garbage*

_____ e. „Wie Sie mithelfen können, den Lärm einzuschränken°."   *reduce*

G. Sie sind Umweltexpertin/Umweltexperte. Wählen Sie drei Umweltkategorien aus der Liste von Titeln in Übung F (z.B. „die Luft sauberhalten"), und schreiben Sie praktische Tips für eine Umweltbroschüre.

Brauchbare Vokabeln

das Altglas	pflanzen	gefährlich
das Altpapier	sparen	umwelt-
das Altmetall	vermeiden	freundlich
das Altöl	verschwenden	
Bäume und Sträucher° *bushes*	wegwerfen	
die Fahrgemeinschaft° *car pool*	wiederverwenden° *to recycle*	
das Katalysatorauto° *car with catalytic*		
die Pfandflasche° *converter*		
das Recycling *bottle with deposit*		
die Umweltsorge		

Sehen Sie auch die Texte in Ihrem Buch noch einmal an.

1. Kategorie: _____

   Ihr Umwelttip: _____

   _____

   _____

2. Kategorie: _____

   Ihr Umwelttip: _____

   _____

   _____

3. Kategorie: _____

   Ihr Umwelttip: _____

   _____

   _____

Übungen zur Grammatik

Kapitel 1

A. Wilder Besuch. You have been asked to spend a few hours looking after your nephews, Max and Moritz. Describe what Max, age three, does in your dorm room by writing sentences based on the cues.[1]

> Max / besuchen / mich   *Max besucht mich.*

1. Max / laufen / zuerst im Zimmer herum

   _____

2. dann / gehen / er zum Kleiderschrank

   _____

3. natürlich / nehmen / er den Schlüssel aus dem Schloß

   _____

4. plötzlich / lassen / er den Schlüssel in eine Blumenvase fallen

   _____

5. dann / versuchen / er // ihn herauszuholen

   _____

6. das / gehen / aber nicht // und er / werfen / die Vase gegen die Wand

   _____

7. mein Nachbar / werden / böse

   _____

8. ich / werden / verrückt

   _____

---

[1]Double slash marks (//) in the cues throughout this book indicate the start of a new clause.

B. Das Mittagessen. You must now provide Max and Moritz with their noon meal at the *Mensa°*. Give them the following orders and instructions, *student cafeteria* using appropriate imperative forms.

> Max, du sollst ruhig sitzen!   *Sitz bitte ruhig!*

1. Moritz, du sollst „Guten Appetit" sagen, bevor wir essen!

_____

2. Max und Moritz, ihr sollt die Ellenbogen vom Tisch nehmen!

_____

3. Moritz, du sollst die linke Hand auf den Tisch legen!

_____

4. Max, du sollst nicht mit vollem Mund sprechen!

_____

5. Max und Moritz, ihr dürft das Gemüse nicht auf den Boden werfen!

_____

6. Moritz, du darfst deinen kleinen Bruder nicht schlagen!

_____

7. Max, du darfst noch nicht aufstehen!

_____

8. Ach Kinder, ihr sollt nicht so unhöflich sein!

_____

C. Touristen in Bremen.   You and a friend spend a day sightseeing in Bremen. Complete the conversation with the cued modals.

1. Was _____ wir zuerst tun? *(should)*

    —Ich _____ mir das schöne Rathaus ansehen. *(would like)*

2. Du _____ auch in den Ratskeller gehen, nicht? *(want)*

    —Ja, klar. Und nachher _____ wir einen Spazier-

    gang durch das Schnoorviertel° machen. *(can)* Übrigens, wenn du Obsttorte   *Bremen's oldest*

    _____ , _____   *quarter*

    wir unbedingt° in die Schnoorkonditorei. *(like / must)*   *absolutely*

3. _____ wir machen! *(can)*

    —Aber wir _____ nicht zu lange dort bleiben,

    denn ich _____ die Museen und Geschäfte in

    der Böttcherstraße° auch besuchen. *(can / intend)*   *street famous for
    fine shops and
    architecture*

D. Gespräch in der Konditorei.   The *Konditorei* is crowded, and you share a table with a local shop owner. Complete the conversation by supplying the German equivalents and answers.

Useful vocabulary: besitzen *(to own)*, sammeln *(to collect)*.

Sie fragen die Geschäftsfrau:

1. Wie lange _____ schon in Bremen? *(have you been living)*

    – _____ . *([for] eighteen months)*

2. Wie lange _____ schon das Musikgeschäft? *(have you owned)*

    – _____ . *(since July)*

3. Wie lange _____ schon alte Musikinstrumente? *(have you been collecting)*

    – _____ . *([for] twelve years)*

Die Geschäftsfrau fragt Sie:

4. Wie lange _____ schon auf die Uni? *(have you been going)*

    – _____ .

5. Wie lange _____ schon Deutsch? *(have you been studying)*

    – _____ .

Übungen zur Grammatik: Kapitel 1 **67**

E. **Reise nach Oldenburg.** Julia and Nadine are traveling from Bremen to Oldenburg. Complete their conversation by forming complete sentences from the cues.

> > einsteigen / schnell / !   *Steig schnell ein!*
> > abfahren / bald   *Der Zug fährt bald ab.*

1. zumachen / bitte / Tür / ! _____

2. Julia, / aufmachen / Fenster / bitte / !

   _____

3. abholen / dein Bruder / uns / ? _____

4. wir / sollen / anrufen / ihn // wenn / wir / ankommen / in Oldenburg

   _____

   _____

5. wann / ankommen / Zug / ? _____

6. ich / annehmen, // in dreißig Minuten _____

F. **Pläne.** Friends are discussing plans for the weekend. Answer the questions below in the present tense. Be creative. The following verbs may give you some ideas. You may use these verbs or verbs of your own choice.

arbeiten, besuchen, bleiben, einkaufen gehen, einladen, essen (gehen), fahren, fernsehen, frühstücken, gehen, laufen, lesen, putzen, radfahren, reparieren, schreiben, *modal verbs*

1. Anna, was hast du denn vor?

   –_____

   _____

2. Andreas und Evi, was wollt ihr machen?

   –_____

   _____

3. Monika, weißt du, was Kurt morgen nachmittag macht?

   –_____

   _____

4. Robert, mußt du das ganze Wochenende arbeiten?

   –Nein _____

   _____

Kapitel 2

A. Der Wettlauf°. *Schwänke* are droll stories from the Middle Ages in which   *race*
the underdog is victorious. Complete the following adaptation of a
Schwank called *Der Wettlauf* by supplying the missing verbs for each section below from the lists provided. Use the verbs in the simple past or the
present perfect tense, as appropriate, unless the present tense is indicated
by a (P). Blanks are provided for separable prefixes and auxiliary verbs.

1. ankommen   gehen
    bestellen   grüßen
    dürfen   haben
    fragen   sein

    Zwei Studenten _____ in einem

    Dorf _____.

    Sie _____ gar kein Geld, aber

    sie _____ doch sehr hungrig

    und durstig.

    Sie _____ in ein Gasthaus und

    _____ den Wirt°.   *innkeeper*

    Er _____:

    „Was _____ (P) es sein?"

    Sie _____ ein gutes, eigentlich

    recht teures Essen.

2. anfangen   sagen
   fragen   schmecken
   gefallen   wollen
   laufen

Nach dem Essen _____ sie _____,

sich zu streiten°. Der Wirt _____   *quarrel*

schnell zu ihnen und _____: „Was ist

denn los? _____ Ihnen das Essen nicht

_____?" „Doch, doch!"

_____ sie.

„Es _____ uns so gut

_____, daß wir beide die Ehre°

haben _____ (P), für das ganze Essen   *honor*

zu bezahlen."

3. bezahlen   laufen
   dürfen   vorschlagen
   haben   sollen
   können   wissen

Der arme Wirt _____ nicht, was er

machen _____, aber die klugen

Studenten _____ natürlich einen

Plan.

Plötzlich _____ der erste Student

_____:

„Na – wir _____ um die Wette°

_____! (P) Der Gewinner   *run a race*

_____

_____." (P)

4. denken nachrufen° stehen
    gewinnen scheinen warten (2X) *call after*
    laufen sein zurückkommen

Das Ziel° _____ ein Baum, der weit *goal*

von dem Gasthaus _____.

Die Studenten _____ schnell zum

Baum, aber sie _____ nicht gleich

_____.

Der Wirt _____ ihnen _____, aber sie

_____ ihn nicht zu hören.

Er _____: „Das ist ja merkwürdig!

Keiner _____.“

Der arme Wirt _____ stundenlang

auf einen Gewinner – und _____ (P)

wahrscheinlich immer noch.

B. Reise nach Lübeck. Describe an excursion you and a friend made to Lübeck by connecting the sentences in the first column with their logical counterparts in the second column. Use the conjunction *aber* to connect each pair of sentences. Convert the modals in the first column to the simple past, and the second column verbs to the past perfect.

> Wir sollen um acht abreisen. Ich stehe zu spät auf.
> *Wir sollten um acht abreisen, aber ich war zu spät aufgestanden.*

1. Ich will einige Fotos machen.   Sie vergißt ihr Adreßbuch.
2. Karin soll ein paar Postkarten schreiben. Ich gebe schon zuviel Geld aus.
3. Ich will viel Lübecker Marzipan kaufen.   Wir bleiben zu lange im Holstentormuseum.
4. Wir wollen um halb fünf abfahren.   Ich nehme meine Kamera nicht mit.

1. _____

   _____

2. _____

   _____

3. _____

   _____

4. _____

   _____

HANSESTADT LÜBECK

C. Probleme. At a party Ute and Jens are discussing a friend's problems with a programming assignment. For Ute's questions, form complete sentences in the present perfect from the cues provided. For Jens's responses, complete the clauses with the cued verbs, giving the modal verb in the simple past.

> **Ute:** warum / kommen / Christian / nicht / ?
> *Warum ist Christian nicht gekommen?*
> **Jens:** Weil er ein Programm *schreiben mußte*. (müssen / schreiben)

1. **Ute:** warum / machen / er / die Aufgabe / nicht früher / ?

   _____

   Jens: Weil er sie nicht _____.
   (können / machen)

2. **Ute:** warum / helfen / du / ihm / nicht / ?

   _____

   Jens: Weil ich ihm nicht _____.
   (sollen / helfen)

3. **Ute:** warum / sprechen / er / nicht / mit seiner Professorin / ?

   _____

   Jens: Weil er nicht mit ihr _____.
   (wollen / sprechen)

4. **Ute:** warum / bitten / er / mich / nicht / um Hilfe / ?

   _____

   Jens: Weil du ihm nicht _____.
   (dürfen / helfen)

D. Give the German equivalents, using the tense indicated.

1. Yesterday we went to the city and bought clothes°. *(present perfect)*   *Sachen*

   _____

   I got tired and had to eat something. *(simple past)*

   _____

   We ordered coffee and cake. *(present perfect)*

   _____

   It cost DM16. *(present perfect)*

   _____

2. Dieter wanted to invite Sabine. *(simple past)*

   _____

   Unfortunately, Jürgen had already called her. *(past perfect)*

   _____

   I wanted to see Helga. *(simple past)*

   _____

   But she had already left. *(past perfect)*

   _____

E. **Hilfe!** Tell a friend about your turmoil the day before a German exam: that you lost your book, where you went to look for it, who helped you, and the outcome. Use appropriate past-tense verb forms in your story. You may use the following verbs or verbs of your choice.

anrufen	lassen	sprechen	werden
bemerken	laufen	suchen	zurückgehen
bitten	lernen	vergessen	*modal verbs*
fragen	liegen	verlieren	
gehen	passieren	versuchen	

_____

_____

_____

_____

_____

_____

_____

74 Übungen zur Grammatik: Kapitel 2

Kapitel 3

A. **Wie war es in Berlin?** Lore and Sabine went to Berlin recently. Describe their trip, using the simple past.

> neulich / Lore und Sabine / machen / eine Reise
> *Neulich machten Lore und Sabine eine Reise.*

1. in Berlin / sie / wollen / treffen / ihre Freundinnen

   _____

2. am Samstag / sie / abfliegen / von Hamburg

   _____

3. meistens / sie / gehen / einkaufen

   _____

4. ab und zu / sie / besuchen ein Museum / oder / gehen ins Theater

   _____

5. oft / sie / fahren / mit der U-Bahn

   _____

6. sie / schreiben / uns / keine Karten

   _____

7. sie / bleiben / nur fünf Tage / dort

   _____

8. am Mittwoch / sie / zurückkommen / um siebzehn Uhr / mit dem Flugzeug

   _____

9. sie / erzählen / uns / viel / über Berlin

   _____

B. Reise nach Salzburg. During the *Pfingstferien°* you and your roommate plan to travel to Salzburg, Austria. Relate to your roommate the phone conversation you are having with your travel agent. Be sure to make the necessary pronoun changes in the indirect clauses.

Pentecost break

1. „Wann wollen Sie abfahren?"

   Er fragt, _____.

2. „Wie lange wollen Sie dort bleiben?"

   Er fragt, _____.

3. „Möchten Sie ein Doppelzimmer mit oder ohne Bad?"

   Er fragt, _____.

4. „Ein Zimmer ohne Bad ist viel billiger."

   Er sagt, _____.

5. „Soll ich Karten fürs Marionettentheater bestellen?"

   Er fragt, _____.

6. „Kommen Sie am Samstag zurück?"

   Er fragt, _____.

C. Das Marionettentheater. Describe your evening at Salzburg's charming *Marionettentheater* by selecting the appropriate conjunctions from the list below to join each pair of given sentences. For sentences 2, 5, and 8, begin with the conjunction.

bevor	denn	obwohl	sondern
daß	ob	sobald	während

1. Ich war erstaunt. Fast alle Besucher waren Erwachsene.

_____

2. Das Stück begann. Wir sprachen mit der Frau neben uns.

_____

3. Sie fragte uns. Haben wir Mozarts *Zauberflöte°* schon gesehen?   *Magic Flute*

_____

4. Ich sagte ja. Es ist ein Lieblingsstück° von mir.   *favorite piece*

_____

5. Unsere Plätze waren billig. Wir konnten gut sehen und hören.

_____

6. In der Pause trank ich ein Glas Cola. Andreas trank einen Apfelsaft.

_____

7. Nachher gingen wir nicht sofort zum Hotel zurück. Wir gingen in ein Café.

_____

8. Wir können. Wir wollen wieder ins Marionettentheater.

_____

D. Träume°. Since there are only a few people in the café, the waitress   *dreams* begins to chat with you and tells you about her dreams. Complete her statements with *als, wenn,* and *wann* as appropriate.

1. _____ ich jung war, wollte ich Marionettenspielerin werden.

2. Meine Eltern fragten mich, _____ ich diese Idee aufgeben würde.

3. _____ ich davon sprach, sagten sie immer: „Das ist kein Beruf für dich!"

4. Letztes Jahr, _____ ich achtzehn wurde, mußte ich einen *praktischen* Job finden.

5. Ich werde immer traurig, _____ ich an meinen Jugendtraum denke.

E. **Der letzte Tag in Salzburg.** Complete the following clauses in your own words.

1. Ich will noch einmal in die Stadt, bevor _____

_____.

2. Obgleich ich nicht viel Geld habe, _____

_____.

3. Ich will einige Postkarten kaufen, damit _____

_____.

4. Wir können dann um 17 Uhr zurückfahren, oder _____

_____.

5. Wir wollen eines Tages wieder nach Salzburg, weil _____

_____.

F. **Zu Hause.** After you return, a pesky neighbor asks many questions. Answer in the negative, inserting *nicht* in the proper position.

1. Seid ihr mit der Bahn nach Salzburg gefahren?

_____

2. War euer Hotel sehr teuer?

_____

3. Seid ihr oft ins Marionettentheater gegangen?

_____

4. Habt ihr den Dom besucht?

_____

5. Wart ihr heute morgen sehr müde?

_____

6. Habt ihr oft an mich gedacht?

_____

G. **Schreiben Sie!** In explaining or describing how you do something, you need to use adverbs (e.g., *first, then*) and conjunctions (e.g., *before, after*). Briefly describe a process such as washing the car or planning a party. In #1 note your ideas for the steps involved (e.g., *Seife kaufen*). In #2 put your ideas into a cohesive paragraph, connecting the steps by using adverbs and conjunctions. Suggestions for these are listed below.

Adverbs: daher, dann, später, zuerst
Conjunctions: aber, als, bevor, da, damit, daß, denn, nachdem, obgleich, sobald, während, weil, wenn

1. _____

   _____

   _____

   _____

   _____

   _____

2. _____

   _____

   _____

   _____

   _____

   _____

   _____

   _____

   _____

Kapitel 4

A. Wer macht was? Sabrina asks Andreas about various members of his family. Fill in the correct form of the cued possessive adjectives.

1. **Sabrina:** Hat _____ Vater immer noch sein Fotogeschäft? *(your)*

   Andreas: Ja, _____ Geschäft geht sehr gut. *(his)*

2. **Sabrina:** Studiert _____ Mutter noch Physik? *(your)*

   Andreas: Ja, _____ Kurse sind sehr schwer, aber interessant. *(her)*

3. **Sabrina:** Sind _____ Großeltern schon von Norwegen zurück? *(your)*

   Andreas: Ja, _____ Reise war ziemlich anstrengend°.   *exhausting*
   (their)

B. Seine Meinung. Uncle Franz gives a running commentary to his niece's description of a trip to Mainz. Supply the appropriate demonstrative pronouns.

1. **Melanie:** Ich habe den berühmten Dom gesehen.

   Onkel Franz: Ach ja, _____ ist fantastisch, nicht?

2. **Melanie:** Ich habe das Gutenberg-Museum besucht.

   Onkel Franz: _____ ist wirklich ein interessantes Museum!

3. **Melanie:** Ich habe Mainzer Käse probiert°.   *tried*

   Onkel Franz: Ich finde, _____ schmeckt nach Seife!

4. **Melanie:** Ich habe die römischen Äquadukte fotografiert.

   Onkel Franz: Gut, _____ sind ja von historischer Bedeutung!

5. **Melanie:** Ich habe mir die Altstadt angesehen.

   Onkel Franz: _____ hat schöne, alte Gebäude, nicht?

C. *Nicht* **oder** *kein?* Willi Klausen's neighbor, Daniel Weißer, asks him for advice. Daniel's wife wants him to become a *Hausmann,* like Professor Klausen. Complete the conversation by inserting *nicht* or the correct form of *kein,* as appropriate.

1. **Weißer:** Ich muß Ihnen sagen, ich will _____

    Hausmann sein.

    Ich habe _____ Lust, die Wohnung zu putzen.

    Klausen: Ihre Frau putzt wahrscheinlich auch _____

    gern, aber einer von Ihnen muß es machen.

2. **Weißer:** Ja, das stimmt schon. Aber wissen Sie, ich habe

    _____ Zeit dafür.

    Klausen: Aber Sie sind beide Studenten, _____? Ihre

    Frau hat genauso wenig Zeit wie Sie. Und Sie kochen

    _____, Sie machen _____ Betten,

    Sie spülen _____ Geschirr, Sie gehen

    _____ einkaufen.

3. **Weißer:** Tja ... Wenn Sie es so beschreiben, ist es eigentlich

    _____ fair von mir. Von jetzt an soll sie den Haushalt

    _____ mehr allein machen.

    Klausen: _____ schlechte Idee.

D. Wen meint er? In the midst of rush-hour traffic, a police whistle sounds. Several drivers and passengers become nervous. Complete the questions below and give responses, supplying appropriate personal pronouns.

> Herr Winter fährt; Herr Reh sitzt neben ihm.
> Herr Winter sagt: „Ich bin es nicht. Meint der Polizist *mich*?"
> Herr Reh sagt: „Ach nein, *Sie* meint er bestimmt nicht."

1. Inge und Klaus sitzen im roten Sportwagen.

   Inge: „Ich bin es nicht. Meint er _____?"

   Klaus: „Nein, nein, _____."

2. Uwe und Paula sitzen zusammen im großen VW-Bus.

   Uwe: „Wir sind es nicht. Meint er _____?"

   Paula: „Ach, nein, _____."

3. Frau Keller sitzt im Taxi.

   Taxifahrer: „Ich bin es nicht. Meint er _____?"

   Frau Keller: „Nein, _____."

4. Anja fährt. Die Fahrlehrerin sitzt neben ihr. Christina sitzt hinten.

   Christina: „Ihr seid es nicht. Oder meint er _____?"

   Fahrlehrerin: „Unmöglich, _____."

5. Erik und Nicole stehen neben ihren Fahrrädern.

   Erik: „Guck mal°. Der Taxifahrer dort. Meint er _____?"   *Look*

   Nicole: „Ja, ich glaube, er meint _____."

E. Fundbüro°. After a concert in the Heidelberger Schloßgarten, people   *lost and found*
swarm to the lost-and-found booth. Complete the statement in each conversational exchange with the cued possessive adjective, then complete
the harried worker's questions with *wer, wen,* or *was* as appropriate.

> Ich kann *meinen Neffen* nicht finden. (mein)
> –*Wen* können Sie nicht finden?

1. Meine Freundin kann _____ Tasche nicht finden. (ihr)

   –_____ ist weg?

2. Gibt es hier _____ Restaurant? (ein)

   –_____ haben Sie gefragt?

3. Wir suchen _____ Polizisten. (ein)

   –_____ suchen Sie?

4. Wann kann ich mir _____ Heidelberger Schloß ansehen? (das)

   –_____ weiß die Öffnungszeiten?

5. Gibt es hier _____ Toiletten? (kein)

   –_____ will das Kind?

6. Wir können _____ Bus nicht finden. (unser)

   –_____ kann diesen Touristen helfen?

F. **Der unmögliche Hund.** While Martin's neighbors were away, he took care of their dog. Complete his note to a friend describing the experience. Refer to the English version below for the necessary cues.

Dear Kathrin,
Last month my neighbor asked me whether I could take care of their dog. He and his family had traveled through the Alps last summer and also wanted to take such a trip this year—but without the dog. I needed only to feed the little animal.
*   I didn't have anything against this idea. I assured my neighbor that I'd be glad to do it for him.*
*   Normally I like dogs, but I found this one impossible! He ran through my garden every day and didn't leave a flower standing. Almost all night he ran along our fence and barked. Every time I brought him into the house, he immediately ran around the kitchen table.*
*   Last Sunday, the neighbors finally returned. Without their dog my life is much quieter, but maybe also a little more boring.*

Liebe Kathrin!

_____ Monat hat _____ Nachbar

_____ gefragt, ob ich für ihren Hund sorgen könnte. Er und

seine Familie waren _____ Sommer durch

_____ Alpen gereist und wollten _____

Jahr auch so _____ Reise machen – aber ohne

_____ Hund. Ich brauchte _____ Tierchen nur zu

füttern.

   Ich hatte nichts gegen _____ Idee. Ich versicherte

meinem Nachbarn, daß ich das gerne für _____ tun würde.

   Normalerweise habe ich Hunde gern, aber _____

hier fand ich unmöglich! Er lief _____ Tag

durch _____ Garten und ließ _____

Blume stehen. Fast _____ _____ Nacht

lief er _____ Zaun° entlang und bellte. Jedes Mal,   *der Zaun*

wenn ich _____ ins Haus brachte, lief er sofort um

_____ Küchentisch herum.

_____ Sonntag sind _____

Nachbarn endlich zurückgekommen. Ohne _____ Hund

ist _____ Leben viel ruhiger, aber vielleicht doch auch ein

bißchen langweiliger.

Dein Martin

G. Und dort siehst du ...   As you and an Austrian exchange student are walking through town, the student asks you to comment on some of the businesses in the area. Use *der-* and *ein-*words, demonstrative pronouns, and *es gibt* in your description.

Useful vocabulary: Apotheke, Blumengeschäft, Buchhandlung°, Café, Drogerie, Eiscafé, Fotogeschäft, Kaufhaus°, Kino, Konditorei, Post, Restaurant, Sportgeschäft, Supermarkt

bookstore
department store

_____

_____

_____

_____

_____

_____

_____

_____

Kapitel 5

A. Der Brief. Erik was supposed to meet Frank for lunch at the cafeteria. He arrives late, so Frank wants to know what happened. Complete Erik's answers with the appropriate dative prepositions and endings.

1. Wo warst du denn so lange? –Ich bin _____ unser_____ Nachbarin gewesen.

2. Warum denn? –Sie hat einen Brief _____ Amerika bekommen.

3. Wer hat den Brief geschrieben? –Er war _____ ihr_____ Sohn.

4. Wo wohnt er denn? –In Chicago. Ich glaube, seine Frau kommt _____ Chicago.

5. Wie lange wohnt er schon dort? – _____ drei Jahren.

6. Was hat er seiner Mutter geschrieben? –Daß er nicht _____ Hause kommen kann.

7. Was meinst du? Wird sie denn zu ihm fahren? –Mein_____ Meinung _____

   bleibt sie _____ Hause.

B. Noch ein Schwank. „Der fahrende Schüler aus dem Paradies" is a *Schwank* that has been popular since the Middle Ages. Complete the conversations between the kind-hearted *Bäuerin*, her second husband (the *Bauer*), and the crafty student. Follow the directions given for each section.

1. Supply appropriate dative prepositions.

   Student: Guten Tag, gnädige Frau. Ich komme _____ Paris.

   Bäuerin: Oh, Sie kommen _____ dem Paradies. Dann sind Sie

   _____ meinem ersten Mann bekannt.

   Student: Ach ja, er ist ein guter Freund _____ mir. Er wohnt mir

   _____ .

2. Supply the correct forms of the following verbs: *fehlen, helfen, passieren, raten, schmecken, tun* (2X)

   Bäuerin: Sagen Sie mir, wie geht es meinem Mann?

   Student: Es _____ mir leid, aber leider nicht gut.

   Bäuerin: Was ist ihm _____?

   _____ meinem armen Mann etwas?

Student: Ja, das Essen _____ ihm nicht. Er braucht Wein und Wurst.

Die Füße _____ ihm auch weh. Er braucht Schuhe und

Geld.

Bäuerin: _____ Sie mir! Was kann ich tun, um meinem Mann zu

_____?

3. Supply the appropriate dative pronouns.

Student: Geben Sie _____ Wein und Wurst, und ich bringe

_____ die Sachen, wenn ich ins Paradies komme.

Bäuerin: Oh, wie kann ich _____ danken?

Student: Sie brauchen _____ nicht zu danken. Ihr Mann ist mein Freund, und

ich helfe _____ gern. Glauben Sie _____!

Fünfzehn Minuten später:

Bäuerin: Warum bist du _____ böse?

Bauer: _____ hast du meine Sachen gegeben? Sie gehören

_____, nicht _____. Hole _____

mein Pferd! Ich reite dem Studenten nach.

4. Complete the *Schwank* by giving the German equivalents of the English sentences. Vocabulary cues are provided in parentheses.

Bauer: Have you seen a student? (Sie / sehen / Student / ?)

_____

Student: Yes. He just went into the woods. Give me your horse. Otherwise you can't follow him. (er / gehen / gerade / in den Wald // geben / Ihr Pferd // sonst / Sie / können folgen / nicht)

_____

_____

_____

_____

Bauer: I'm grateful to you. (ich / sein / dankbar)

_____

Eine halbe Stunde später:

Bäuerin: Why haven't you come home with your horse? (warum / du / kommen / nicht / Pferd / nach Hause / ?)

_____

_____

Bauer: Oh, I gave it to the student so that he can help your first husband more quickly. (ich / geben / Student // damit / er / helfen können / deinem ersten Mann / schneller)

_____

_____

C. Persönliche Fragen. Talk about your family and friends. Answer the following questions, using one or more complete sentences.

1. Wer von Ihren Freunden gefällt Ihnen besonders gut? Erklären Sie warum.

_____

_____

2. Wem von Ihren Freunden sind Sie besonders dankbar? Erklären Sie warum.

_____

_____

3. Wem in Ihrer Familie sehen Sie besonders ähnlich? Beschreiben Sie die Ähnlichkeit.

_____

_____

4. Wem haben Sie in den letzten Wochen oder Monaten geholfen? Wie?

_____

_____

D. Jetzt schreiben Sie! Use each of the following dative verbs in one or more sentences. You may want to connect the sentences into a short paragraph.

antworten, danken, leid tun, passen

_____

_____

_____

_____

_____

_____

_____

Kapitel 6

A. *Zu* **ist nicht immer** *to.* Christina tells Matthias about a visit with her cousin. Complete her account with the appropriate prepositions and articles when necessary.

Ich bin heute nachmittag _____ ihr gegangen. Natürlich

war sie am Telefon – aber schließlich ist sie _____

_____ Tür gekommen. Ich habe meine Landkarte

mitgebracht, damit wir unsere Reise _____ Italien planen

konnten. Wir wollten beide _____ Rom, Venedig und

Florenz. Sie wollte auch _____ _____

Schweiz, aber ich wollte _____ Österreich. Da wir uns

nicht entschließen° konnten, haben wir aufgegeben° und sind   *decide / give up*

_____ _____ Stadt gefahren. Wir sind

zuerst _____ _____ Post gegangen,

denn sie hatte _____ ihren Freund geschrieben und

wollte den Brief heute abschicken. Dann sind wir _____

Kino gegangen. Morgen haben wir vor, _____ Land zu

fahren. Wir lassen diese Präpositionen _____ Hause.

B. **Wer hat was gesehen?** After a robbery at the *Deutsches Museum*, police try to take statements from the two night guards. Complete their testimonies with the cued prepositional expressions.

1. Sie haben also den Alarm gehört. Was haben Sie dann getan?

    Max: Ich bin sofort _____
    gegangen. *(into the exhibition room°)*   *Ausstellungsraum*

    Wim: Nein, Max. Du bist _____
    gegangen. *(behind the door)*

2. Und was haben Sie dann getan?

    Max: Der Dieb° ist _____ am   *thief*
    Fenster gelaufen.

    Ich habe ihn verfolgt°. *(between those tables)*   *pursued*

Übungen zur Grammatik: Kapitel 6 **91**

Wim: Max, du spinnst°! Du hast _____ _you're crazy_

_____ gelegen. _(behind_

the door / on the floor) Du hast die Augen geschlossen und die Hände

_____ gehabt. _(over the ears)_

3. Wie hat der Dieb ausgesehen?

   Max: Er war etwa vierzig. Er hatte rotes Haar und eine lange Narbe° _scar_

   _____. _(under one eye)_

   Wim: Aber Max! Wir wissen das nicht. Er hatte sich einen Strumpf

   _____ gezogen.

   (over his face)

4. Was hat er gestohlen?

   Max: Eine billige Kuckucksuhr, die dort _____

   gehangen hat, _____ Taschen-

   uhrensammlung. _(on the wall / above the)_

   Wim: Max, das ist lächerlich. Es war eine kostbare astronomische Uhr, die hier

   _____ gestanden hat,

   _____ Glaswand. _(on the table /_

   behind this)

5. Wie hat der Dieb das Zimmer verlassen?

   Max: Er hat einen Augenblick _____

   da drüben gestanden. Dann ist er plötzlich _____

   _____ gesprungen. _(in front of_

   the door / out of the window)

   Wim: Max, du redest Unsinn. Er hat sich einen Stuhl geholt, hat ihn

   _____ gestellt und ist

   _____ geklettert°. Dann _climbed_

   hat er das Fenster geöffnet und ist durch die Öffnung gekrochen.

   (under the window / on it)

C. Fragen. You and Paul are trying to converse while riding a crowded bus. Because of the noise, you must ask him to repeat what he is telling you about mutual friends. Use a preposition plus pronoun or a *wo*-compound in your questions, as appropriate.

> Gerd interessiert sich nur für Anna.
> *Für wen interessiert er sich?*

> Katrin interessiert sich nur für Chemie.
> *Wofür interessiert sie sich?*

1. Lore hat fast drei Stunden auf Dieter gewartet.

   _____

2. Marie denkt immer wieder an ihre Sommerreise.

   _____

3. Jürgen spricht immer von seinem Hobby.

   _____

4. Bernd spricht nur von seiner Freundin Julia.

   _____

5. Kerstin schreibt nicht über ihre neue Stelle.

   _____

6. Monika denkt oft an ihre Schwester.

   _____

7. Michael schreibt manchmal über seine Brüder.

   _____

8. Stephan wartet auf einen Brief von seinen Freunden in Ulm.

   _____

D. Aber nein. Answer the following questions in the negative, using the cues in parentheses.

> Ist das der Koffer des Amerikaners? (seine Frau)
> *Nein, das ist der Koffer seiner Frau.*

1. Ist das der Preis der Suppe? (das Essen)

_____

2. Ist Schmidt der Name ihrer Kusine? (unser Nachbar)

_____

3. Ist 40 die Größe deines Hemdes? (meine Hose)

_____

4. Ist das der Vater deiner Mutter? (mein Vater)

_____

5. Ist das die Idee eines Professors? (ein Student)

_____

6. Ist das die Adresse des Arztes? (die Krankenschwester)

_____

7. Ist das der Freund deines Bruders? (mein Kollege)

_____

8. Ist das die Wohnung deines Onkels? (meine Großeltern)

_____

E. Warum denn? Rudi writes about his concern for his roommate Lars. Complete his statements with the cued genitive prepositional phrases and expressions.

1. _____ saß Lars jedes

   Wochenende allein im Zimmer. (Während / Winter)

2. Es ist jetzt richtig Frühling. Das Wetter ist herrlich! Aber

   _____ will er am Wochenende

   nicht rausfahren. (trotz / Wetter)

3. Ich fragte Lars _____, ob er am

   Samstag ein Picknick machen wollte. Er sagte: „Ach nein, diesen Samstag

   nicht." (ein / Tag)

4. Ich weiß wirklich nicht, warum er nie mitkommt. Er sagt nur:

   „_____."

   (wegen / meine Arbeit)

5. Seine Freundin wohnt jetzt _____,

   (außerhalb / Stadt) _____.

   (jenseits / Autobahn)

6. Er muß _____ Examen machen.

   (innerhalb / ein Jahr)

7. _____ spielte er stundenlang

   Karten, obwohl er am nächsten Tag eine schwere Klausur° schreiben   *exam*

   mußte. (ein / Abend)

F.   Auf deutsch bitte!   Give the German equivalents.

1. One day I went for a walk in the country.

   _____

2. In spite of the rain it was nice.

   _____

3. I visited my friends' house. (use *von*)

   _____

4. Whose house is that?

   _____

5. Is it Martin's house?

   _____

6. No, that's his sister's house. (use *von)*

   _____

7. I'm of another opinion.

   _____

G. Persönliche Fragen. What do you and your friends have in common? Answer the following questions and include a brief explanation.

1. Worüber lachen Sie mit Ihren Freunden?

   _____

   _____

2. Wovor haben Sie alle Angst (oder keine Angst)?

   _____

   _____

3. Worüber sprechen Sie und Ihre Freunde gern (oder nicht gern)?

   _____

   _____

4. Auf wen schimpfen Sie viel oder oft?

   _____

   _____

H. Wie sieht's aus? You have spent the morning rearranging your room. Describe to friends what you moved and how your room now looks. Use both accusative and dative forms of the two-way prepositions in your description.

Useful vocabulary: hängen, legen, liegen, stehen, stellen // Bett, Bilder, Boden, Bücher, das Bücherregal°, Fenster, Kleider, Lampe, Mantel, das Poster, Radio, Schrank, Schreibtisch, Sofa, Stereoanlage, Stuhl, Tisch, Tür, Uhr, Wand   *bookcase*

_____

_____

_____

_____

_____

_____

Kapitel 7

A. Adjektivübung. Combine each pair of sentences according to the model. The adjectives should precede the nouns in your responses.

> Im Keller kann man nichts sehen. Er ist dunkel.
> *Im dunklen Keller kann man nichts sehen.*

1. Er hat meine Brötchen zum Frühstück gegessen. Sie waren frisch.

   _____

2. Ich arbeite bei dieser Firma. Sie ist groß und weltberühmt.

   _____

3. Solche Erzählungen gefallen mir nicht. Sie sind traurig.

   _____

4. Wir sind den Fluß entlang gefahren. Er ist breit.

   _____

5. Sie hat einen Ingenieur kennengelernt. Er ist bekannt.

   _____

6. Bitte beschreiben Sie Ihr Hobby! Es ist interessant.

   _____

7. Das Holz brennt nicht. Es ist naß.

   _____

8. Ich habe den Wagen nicht gekauft. Er ist teuer.

   _____

9. Siehst du den Baum da? Er ist hoch.

   _____

B. Eine neue Stelle. Describe the first day of your summer job in the office of an import-export company. Complete the account below with the appropriate endings.

1. Ich mußte am Vormittag mehrer_____ lang_____ Briefe übersetzen°.   *translate*

2. Es gab einig_____ deutsch_____ Ausdrücke, die ich einfach nicht

    verstehen konnte.

3. Wolf, ein_____ gut_____ Bekannt_____ von mir, der schon seit zwei

    Jahren im Büro arbeitet, hat mir glücklicherweise geholfen.

4. Hoffentlich sind nicht all_____ deutsch_____ Geschäftsbriefe so

    kompliziert wie dies_____.

5. Vielleicht hatte ich solch_____ groß_____ Probleme, weil heute

    mein_____ erst_____ Tag im Büro war.

C. Feiertage° und Gedenktage°. Complete the following information on dates in Germany by writing out the cued ordinal numbers.   *holidays / remembrance days*

1. Am (31.) _____ Dezember feiert man

    Silvester°.   *New Year's Eve*

2. Der Feiertag am (1.) _____ Januar heißt

    Neujahr.

3. Am (3.) _____ Oktober erinnert man sich an

    die Vereinigung° beider deutscher Staaten im Jahre 1990.   *unification*

4. Der (1.) _____ Mai heißt Tag der Arbeit.

5. Der (14.) _____ Februar ist Valentinstag.

D. Immer das Beste. In the following ads the adjective endings are missing. Insert the appropriate comparative or superlative endings.

1. Niemand verkauft gebrauchte Autos billig_____ als wir!

2. D_____ toll_____ Geschenke finden Sie immer bei Henkelmann!

3. Bäckerei Heine – bei uns sind die Brötchen am frisch_____!

4. Fahren Sie mal nach Griechenland – für d_____ glücklich_____ Urlaub Ihres Lebens!

5. Wollen Sie weiß_____ Zähne? Dann kaufen Sie *Glanz!*

6. Leute, die die scharf*_____ Bilder und die hell_____, natürlich_____ Farben verlangen,

kaufen nur Chromafilm.

7. Südtirol – wo die Leute freundlich_____ sind, und die Gasthäuser gemütlich_____!

E. Persönliche Fragen. Tell something about your work, study, and free time. Answer the following
questions in complete sentences.

1. Zu welcher Tageszeit arbeiten Sie am besten (oder am liebsten)?

   _____

2. Für welches Fach arbeiten Sie am meisten?

   _____

3. Welchen Tag der Woche finden Sie am schönsten? am langweiligsten?

   _____

   _____

4. Was macht Ihnen die größte Freude? die wenigste Freude?

   _____

   _____

_____

*Note: *scharf* takes an umlaut.

F. Jetzt schreiben Sie! Comparing and contrasting are common thought processes. Write a paragraph in which you compare or contrast something—for example, two friends, pets, your new and old car; or you might make up a conversation in which you and a friend disagree about the quality of the food and the conditions in your cafeteria. For this topic you may use some of the vocabulary below or words of your own choice. In #1 note your ideas. In #2 put your ideas into a cohesive paragraph, using connecting words such as *aber, obwohl, weil*. Include a variety of adjectives.

Adjectives: alt, ausgezeichnet, bitter, bunt, dick, dünn, einfach, frisch, furchtbar, grün, heiß, hell, kalt, leer, rein, ruhig, sauber, sauer, schlecht, stark, süß, trocken

Nouns: Brot, Fisch, Fleisch, Gemüse, Käse, Kuchen, Obst, Salat, Suppe, Kaffee, Tee, Milch // Boden, Eßzimmer, Gabel, Glas, Löffel, Messer, Tasse, Teller, Tisch

Verbs: essen, gefallen, kochen, probieren, riechen (nach – *to smell like),* schmecken, waschen

1. _____   _____

   _____   _____

   _____   _____

   _____   _____

2. _____

   _____

   _____

   _____

   _____

   _____

Kapitel 8

A. Länder in Deutschland. You and others were offered study-abroad scholarships but were unable to accept them. For each question-answer pair below, locate the host city on the map on the following page and identify the *Land*. Then complete each exchange with the appropriate *Land* and the verb in the past-time subjunctive.

> In welchem Land *hätten* Sie gewohnt, wenn Sie an der Universität Mainz studiert *hätten*?
> *Ich hätte in Rheinland-Pfalz gewohnt.*

1. In welchem Land _____ Ihre Freundinnen gewohnt, wenn sie auf die

   Universität München gegangen _____?

   _____

2. In welchem Land _____ Ihr Bruder gewohnt, wenn er die Universität

   Hamburg besucht _____?

   _____

3. In welchem Land _____ du gewohnt, wenn du auf die Universität

   Heidelberg gegangen _____?

   _____

4. In welchem Land _____ Dirk gewohnt, wenn er auf die Universität

   Marburg gegangen _____?

   _____

5. In welchem Land _____ Sie und Ihre Schwester gewohnt, wenn Sie an

   der Technischen Universität Dresden studiert _____?

   _____

6. In welchem Land _____ deine Studienkollegin gewohnt, wenn sie an der

   Universität Bonn studiert _____?

   _____

3. Was würden Sie tun, wenn Ihr bester Freund/Ihre beste Freundin auf Sie böse wäre?

_____

_____

Jetzt schreiben Sie! Formulate your own questions and wishes by completing the following sentences.

1. Was würdest du tun, wenn _____

_____

2. Du siehst aus, als ob _____

_____

3. Wenn ich nur _____

_____

4. Wenn meine Nachbarn nur _____

_____

Name _____ Datum _____

B. Was bringt die Zukunft? Express wishes you have for yourself and others to study at German schools of higher education. Follow the model.

> Hoffentlich kann mein Bruder in Magdeburg studieren. (Medizinische Akademie)
> *Wenn er nur an der Medizinischen Akademie Magdeburg studieren könnte! (or)*
> *Ich wollte, er könnte an der Medizinischen Akademie Magdeburg studieren!)*

1. Hoffentlich darf ich in Hannover studieren. (Tierärztliche° Hochschule)   *veterinary*

   Wenn ich _____

2. Hoffentlich könnt ihr in Aachen studieren. (Technische Hochschule)

   Wenn ihr _____

3. Hoffentlich wollen die jungen Musiker in Weimar studieren. (Hochschule für Musik „Franz Liszt")

   Wenn sie _____

4. Hoffentlich kannst du in Göttingen studieren. (Universität)

   Ich wünschte, du _____

5. Hoffentlich kann meine Kusine in Rostock studieren. (Universität)

   Wenn sie _____

6. Hoffentlich können wir in Lübeck studieren. (Medizinische Akademie)

   Ich wollte, wir _____

C. Große Pläne. A tourist tries to convince an already contented fisherman that he knows how to improve the fisherman's life. Express the tourist's wishes and the fisherman's rejoinders in the present-time general subjunctive.

1. Wenn Sie nur dreimal oder viermal täglich _____

   _____! (ausfahren)

   –Dann _____ ich nicht stundenlang

   _____. (können / schlafen)

2. Wenn Sie nur ein Fischrestaurant _____!

   (aufmachen)

   –Dann _____ ich den ganzen Abend

   _____. (müssen / abwaschen°)   *wash dishes*

3. Wenn Sie nur Hummer° direkt nach Paris _____   *lobsters*

   _____! (exportieren)

   –Dann _____ ich Französisch

   _____. (müssen / lernen)

4. Wenn ich Sie nur zur Arbeit _____

   _____! (können / treiben)

   –Dann _____ ich jeden Tag hundemüde.

   (sein)

D. Das Wiedersehen. The tourist and the fisherman meet again after ten years. The tou[rist] reminisces about what might have been. Convert their earlier conversation in Exercis[e] past-time subjunctive.

1. _____

   –_____

2. _____

   –_____

3. _____

   –_____

4. _____

   –_____

E. Der Fischer spricht. At last the fisherman has his say. Express the fisherman's respons[e] tourist by converting the given sentences to *als ob (als wenn)* clauses.

1. Sie wußten damals alles besser.

   „Sie tun so, _____

2. Sie verstehen mich.

   „Sie tun so, _____

3. Sie sind nicht neidisch° auf mich.   *envious*

   „Sie tun so, _____

F. Persönliche Fragen. Answer the following questions.

1. Was würden Sie machen, wenn Sie jetzt Ferien hätten?

   _____

   _____

2. Was würden Sie machen, wenn es kein Fernsehen mehr gäbe?

   _____

   _____

Kapitel 9

A. Reise nach Deutschland. Rolf asks you about this summer's student trip to Germany. Tell him what the travel agent, Sarah Winter, told you, using the future tense.

> Fliegt die Gruppe zuerst nach Frankfurt?
> *Ja, sie sagte, daß die Gruppe zuerst nach Frankfurt fliegen wird.*

1. Übernachten° alle im Hotel Atlantik?   *stay overnight*

   _____

2. Fährt man dann mit dem Bus nach Köln?

   _____

3. Ihr besucht den Kölner Dom, nicht?

   _____

4. Die Gruppe reist über Heidelberg, nicht?

   _____

5. Ihr nehmt wohl den Intercity° von Koblenz nach München?   *express train*

   _____

6. Die Gruppe bleibt sicher lange in München, nicht?

   _____

7. Einige fahren dann wohl weiter nach Leipzig?

   _____

8. Fliegst du direkt von München nach Berlin?

   _____

9. Das Wetter zu dieser Jahreszeit ist sicher schön, nicht?

   _____

B. Frag nicht soviel! Sigrid asks you many questions. Since you don't really know the answer, give a noncommittal response in the future tense to express present probability.

> Worüber schreibt Jürgen? (Politik)
> *Er wird wohl über Politik schreiben.*

1. Mit wem kommt Ingrid zur Party? (Hans-Werner)

   _____

2. Worüber diskutieren Raimund und Harald? (Fußball)

   _____

3. Wen ruft Lore morgen an? (Matthias)

   _____

4. Wer geht nicht mit ins Kino? (Maike)

   _____

5. Was trinkt Rainer morgens zum Frühstück? (Kaffee)

   _____

6. Wer geht am Wochenende ins Jazz-Konzert? (alle)

   _____

7. Wo wohnt Johann? (im Studentenheim°)   *dorm*

   _____

8. An wen schreibt Margit? (ihren Freund)

   _____

9. Was machst du morgen abend? (Volleyball spielen)

   _____

C. Auf deutsch bitte! Give the German equivalents. Use the present or future tense, or express present probability, as appropriate.

> Tomorrow I'm going to visit my cousin.
> *Morgen besuche ich meine Cousine.*

1. Will the bus come soon?

   _____

2. Kai and Tanja, when are you going to Switzerland?

   _____

3. Will we see you tomorrow evening?

   _____

4. It will surely rain tomorrow.

   _____

5. They will drive to Dresden.

   _____

6. Jochen will help us on Sunday, won't he?

   _____

7. Frank, you'll probably see us next week.

   _____

D. Sie auch? You wonder how many of your friends and acquaintances own computers. Give answers using reflexive pronouns and the cued time expressions.

> Alex, hast du einen Computer? (letzt / Woche)
> –Ja, ich habe *mir letzte Woche* einen gekauft.

1. Monika und Lars, habt ihr auch einen Computer? (vor / zehn Tage)

   –Klar, _____

2. Herr Halle, haben Sie auch einen Computer? (letzt / Januar)

   –Ja, sicher, _____

3. Und du, Kathrin? (in / Dezember)

   –Nein, ich nicht, aber meine Eltern _____

   _____

4. Und dein Englischprofessor – hat er einen Computer? (letzt / Frühling)

   –Da muß ich überlegen. Ich glaube, _____

   _____

5. Markus, hast du schon einen Computer? (an / Freitag)

   –Ja! Stell dir vor, _____

6. Und dein Chef? (vor / ein Monat)

   –Natürlich. Der kauft doch alles Neue. _____

   _____

7. Frau Becker, haben Sie und Ihre Kollegen auch einen Computer? (vor / ein Jahr)

   –O ja, _____

E. Ein Museumsbesuch. Elke and Rita plan a visit to Munich's *Deutsches Museum der Naturwissenschaft° und Technik.* Complete their telephone conversation by selecting seven appropriate reflexive verbs from the list below.

natural science

sich etwas ansehen   sich fragen   sich etwas leisten
sich warm anziehen   sich besser fühlen   sich setzen
sich an die Arbeit machen   sich interessieren   sich treffen
sich ausziehen

1. **Elke:** Bist du immer noch krank?

   Rita: Nein, seit gestern _____ ich

   _____ .

2. **Elke:** Soll ich dich dann morgen um halb elf abholen?

   Rita: Ja, oder wir können _____ an der

   Brücke _____ und von da aus

   zu Fuß gehen.

3. **Elke:** Ja, das können wir machen. Aber du – morgen soll es kalt

   werden.

   Rita: Ja, ja. Ich _____ _____ .

4. **Elke:** Weißt du schon, welche Abteilungen° du besuchen willst?

   sections

   Rita: Es gibt so viele! Aber ich _____

   besonders für Musikinstrumente und Keramik.

5. **Elke:** Und kannst du dir vorstellen, was ich machen will?

   Rita: Natürlich! Du willst _____ das

   Planetarium _____ .

6. **Elke:** Richtig. Sollen wir danach essen gehen?

   Rita: Gerne. Das können wir _____ sicher

   _____ , nicht?

7. **Elke:** Na . . . eigentlich nicht. Aber wir machen's trotzdem! Ach,

   meine Chefin ruft mich.

   Rita: Dann mußt du _____ .

   Bis morgen, dann.

F. Persönliche Fragen. A psychology student has an assignment to interview someone, and you have volunteered. Answer in complete German sentences.

1. Woran erinnern Sie sich gern?

   _____

   _____

2. Wofür interessieren Sie sich besonders?

   _____

   _____

3. Worauf freuen Sie sich?

   _____

   _____

4. Haben Sie oft das Gefühl, daß Sie sich beeilen müssen? Warum?

   _____

   _____

5. Woran können Sie sich nicht (oder nicht leicht) gewöhnen?

   _____

   _____

G. Rekordzeit. In relating an event, we often try to make our point clear by supplying many details. Tell a friend how you manage to sleep longer by streamlining your morning routine to 10 minutes. You may use the reflexive verbs listed below, and reflexive and non-reflexive verbs of your own choice. In #1 note your ideas for the things you do. In #2 put your ideas into a cohesive paragraph using transition words like *erst, dann, später.*

sich anziehen, sich die Schuhe (den Mantel usw.) anziehen, sich baden, sich duschen, sich entschließen, sich erinnern, sich kämmen, sich die Zähne putzen, sich rasieren, sich vorstellen, sich waschen, sich die Haare (das Gesicht, die Hände) waschen

1. _____   _____

   _____   _____

   _____   _____

2. _____

   _____

   _____

   _____

   _____

   _____

Kapitel 10

A. Verzeihung! Rudi writes to a friend about his visit on Sunday to the *Zeppelin-Museum*. Small notices posted on doors and in exhibit rooms have made his visit disappointing. Read through the list of notices below. Then, convert each notice to the passive voice, inserting it in its logical position within the letter that follows. The first sentence has been done for you as a model.

> —*Man öffnet das Museum sonntags um 12 Uhr.*
> —*Zur Zeit reparieren wir die Modelle.*
> —*Die Stadt und die Regierung° unterstützen° das Museum.*   government / support
> —*Hier darf man nicht fotografieren.*
> —*Am zweiten Juli werden wir das Café wieder aufmachen.*
> —*Wir haben diese Ausstellung Ende Mai nach Amerika geschickt.*

Sonntag, den 1. Juli

Liebe Rita,

ich wollte heute morgen um 10 ins Zeppelin-Museum, aber was habe ich gelesen, als ich ankam ...

> „*Sonntags wird das Museum um 12 Uhr geöffnet.*"

Ich mußte also zwei Stunden warten. Ich ging um die Ecke zu einem Café. Was stand aber an einer Tafel vor der Tür?

„_____"

Heute ist der 1. Juli. Endlich machte das Museum auf. Ich wollte mir zuerst die *Graf Zeppelin* und *Hindenburg* Modelle ansehen, aber ich konnte sie nirgends finden, nur eine kleine Karte ...:

„_____"

Ich wollte einige Fotos von den Modellen der Kabinen° machen. Dann las ich: cabins

„_____"

Du hast mir gesagt, daß die Ausstellung im dritten Stock besonders interessant ist. Aber was fand ich dort? „Wir bitten um Verständnis.

„_____"

Als ich das Museum verließ, sah ich noch ein Schild°. Was nun, fragte ich   sign
mich? Aber darauf stand nur:

„_____"

Hoffentlich kann ich eines Tages zurückkommen!

Dein Rudi

B. Bei der Eröffnung°. The opening day of the *Zeppelin-Museum* was a grand event for the town of Friedrichshafen. Convert the following statements from news articles to the impersonal passive.   *opening*

> Gestern feierte man in Friedrichshafen die Eröffnung des Zeppelin-Museums.
> *Gestern wurde in Friedrichshafen die Eröffnung des Zeppelin-Museums gefeiert.*

1. Am Nachmittag redete man viel.

   _____

2. Danach hat man gegessen.

   _____

3. Bis spät in die Nacht tanzte man.

   _____

4. Bis zwei Uhr hat man gesungen und getrunken.

   _____

C. Gründe. After leading a tour through southern Germany, you are asked to submit a written evaluation for each hotel. Complete your reasons for giving the *Hotel Kaiser* a poor rating by inserting the correct prepositions and pronouns in the sentences below.

1. Die Hotelgäste wurden _____ die laute Musik in der

   Kneipe gegenüber gestört. (durch, bei, von)

2. Zwei Gäste fragten, wo sie ein billiges Restaurant finden könnten.

   _____ wurde nicht geantwortet. (sie, ihr, ihnen)

3. Ein Gast sah eine Maus in seinem Zimmer. _____ wurde

   aber nicht geglaubt. (er, ihn, ihm)

4. Eine Touristin verlor ihre Reiseschecks°. Ihr wurde _____   *travelers' checks*

   dem Direktor des Hotels nicht geholfen. (bei, mit, von)

D. Eine neue Stelle. Gabi has accepted a job in a jewelry store. On the first day she receives information and instructions. Restate the remarks with the cued substitute constructions for the passive voice.

1. Die Fenster werden jeden Morgen geputzt. *(man)*

   _____

2. Das kann schnell gemacht werden. *(sich lassen)*

   _____

3. Wir müssen diese Ringe jeden Tag aus dem Safe holen. *(sein ... zu + infinitive)*

   _____

4. Wochentags wird bis halb sieben gearbeitet. *(man)*

   _____

5. Die Türen werden dann automatisch geschlossen. (reflexive)

   _____

E. Auf deutsch bitte! You are trying to get information about a car repair. Give the German equivalents, using the passive voice or substitutes for the passive as cued.

1. Can the car be repaired? *(man)* (use *noch*)

   _____

2. Yes, that can be done. *(sich lassen)*

   _____

3. Are the parts° easy to get? *(sein ... zu + infinitive)*   *Ersatzteile*

   _____

4. No, . . . but a way can certainly be found. (reflexive)

   _____

5. When can you begin with the work? (passive)

   _____

6. Well, that's really hard to say. *(sein ... zu + infinitive)*

   _____

F. **Persönliche Fragen.** You have just returned from a visit. Your friends have questions about your experiences. Choose a place (a city, school or college, or a foreign country), and answer the questions in complete sentences, using substitute constructions for the passive.

1. Was war besonders interessant zu sehen?

   _____

   _____

2. Was (oder Wer) war schwer zu verstehen?

   _____

   _____

3. Was ließ oder läßt sich nur schwer erklären?

   _____

   _____

4. Was wurde samstags gemacht? *(impersonal passive construction)*

   _____

   _____

5. Was vergißt man nicht so leicht?

   _____

   _____

G. Jetzt schreiben Sie! We often give or receive instructions on how to carry out a particular job. It is helpful to have information on the specific tasks that make up the job, and on the time frame involved. Imagine that you have asked Frau Schneider to manage your *Schnellimbiß°* for a day. Write out directions for her using some of the time expressions and tasks listed below.

snack bar

In #1 organize the tasks that must be done throughout the day, and at specific times of day. In #2 write a cohesive paragraph giving directions in a logical sequence. Include examples of various passive voice substitutes in your instructions.

Time expressions: am Morgen (Nachmittag, Abend); jeden Morgen (usw.); morgens (usw.); täglich; einmal (zweimal) am Tag; vor (zehn) Uhr; während des Tages; wenn nötig

Tasks: abwaschen; aufräumen°; frische Brötchen kaufen; Geld auf die Bank bringen; den Imbiß aufmachen, abschließen; Kaffee kochen; Küche saubermachen; Kunden° freundlich grüßen, bedienen°; Lebensmittel bestellen, abliefern°; Salate vorbereiten

clean up

customers / serve deliver

1. _____

_____

_____

_____

_____

2. _____

_____

_____

_____

_____

Kapitel 11

A. Wo, denn? While sightseeing in Luzern, Switzerland, Lore is not hesitant to ask others for directions. However, she always forgets a vital piece of information in her questions, which Inge must supply. Combine each pair of utterances into a single sentence containing a relative clause.

> **Lore:** Wo finden wir das Museum?
> **Inge:** Das Museum ist für seine Transportausstellungen° bekannt.   *transportation exhibits*
> **Lore:** Genau! Wo finden wir das Museum, *das für seine Transportausstellungen bekannt ist?*

1. **Lore:** Wo finden wir die Kirche?
   Inge: Die Kirche hat eine berühmte Orgel° aus dem 17. Jahrhundert.   *organ*
   Lore: Genau! Wo finden wir die Kirche,

   _____

2. **Lore:** Wo liegt das Stadtviertel°?   *district*
   Inge: Das Stadtviertel ist nur für Fußgänger.
   Lore: Ja! Wo liegt das Stadtviertel,

   _____

3. **Lore:** Wo finden wir die Uhrengeschäfte?
   Inge: In den Geschäften sind die Waren am billigsten.
   Lore: Wo finden wir die Uhrengeschäfte,

   _____

4. **Lore:** Wo ist die Haltestelle° für den Autobus?   *stop*
   Inge: Der Autobus fährt zum Richard-Wagner-Museum.
   Lore: Ja! Wo ist die Haltestelle für den Autobus,

   _____

5. **Lore:** Wo finden wir das Reisebüro?
   Inge: In diesem Reisebüro kann man Karten für die Fahrt auf dem Vierwaldstätter See kaufen.
   Lore: Genau! Wo finden wir das Reisebüro,

   _____

6. **Lore:** Wo finden wir das kleine Restaurant?
   Inge: Seine Fonduespezialitäten sind berühmt.
   Lore: Richtig! Wo finden wir das kleine Restaurant,

   _____

B. Kleine Gespräche. For each sentence in the mini-dialogs below, underline the antecedent, then give the English equivalent.

1. –Zwei Wochen am Chiemsee ist das Schönste, was ich mir vorstellen kann.

   _____

   –Du willst aber am 15. Juli abfahren, was ich zu früh finde!

   _____

2. –Ich verstehe nichts von dem, was die Direktorin sagt.

   _____

   –Sie spricht sehr schnell, woran du dich gewöhnen mußt.

   _____

3. –Das war aber wenig, was du da gegessen hast.

   _____

   –Ich habe wirklich nichts auf der Karte gesehen, was ich essen wollte.

   _____

C. Kluge Wörter. Complete the following proverbs and expressions with the appropriate indefinite relative pronouns.

1. Es ist nicht alles Gold, _____ glänzt°.   _glitters_

2. _____ zuletzt lacht, lacht am besten.

3. Das ist doch das Schönste, _____ es überhaupt gibt!

4. Mach die Augen zu! Alles, _____ du siehst, gehört dir.

5. _____ mit Hunden schläft, steht mit Flöhen° auf.   _fleas_

D. Eine traurige Geschichte. Two friends discuss the plight of a mutual acquaintance, recounting what they have heard from others. Convert the direct quotations to indirect discourse, using the general subjunctive.

1. Ich habe gehört, _____
   (Der Mann hat seine Arbeit in der Fabrik gehaßt.)

2. Der Arzt sagte ihm, _____
   (Er darf nicht mehr so schwer arbeiten.)

3. Seine Frau sagte mir, _____
   (Er ist letzten Frühling sehr krank geworden.)

4. Ein Freund hat mich gefragt, _____
   (Liegt er immer noch den ganzen Tag im Bett?)

5. Seine Frau sagte ihm, _____
   (Er wird sicher wieder arbeiten.)

E. **Was gibt's Neues?** You are to prepare the news for a local paper as it comes from a news service. Use the special subjunctive whenever possible.

> Es gibt eine finanzielle Krise°.   *crisis*
> Aus Moskau wird gemeldet°, *es gebe eine finanzielle Krise.*   *reported*

1. Der Kanzler fährt heute nach London.

   Aus Berlin wird gemeldet, _____

2. Die Lebensmittelpreise sind wieder gestiegen°.   *risen*

   Von der Presseagentur° wird gemeldet, _____ *news agency*

   _____

3. Der Preis von importierten Autos soll weiter steigen.

   Aus Ottawa wird gemeldet, _____

4. Die Bauern in Frankreich sind mit der Regierung unzufrieden.

   Aus Paris wird gemeldet, _____

5. Ein italienischer Film hat in Venedig einen Preis gewonnen.

   Aus Rom wird gemeldet, _____

6. In den USA brennen über 2 000 Quadratkilometer Wald.

   Aus Washington wird gemeldet, _____

7. Die deutsche Fußballmannschaft spielt nächste Woche gegen Argentinien.

   Vom Weltfußballverband° wird gemeldet, _____ *World Soccer Assoc.*

   _____

8. Es wird den ganzen Tag regnen.

   Vom Wetteramt° wird gemeldet, _____ *weather service*

   _____

F. Jetzt schreiben Sie! In trying to persuade people to do something, we may try to win them over through strong personal requests, or through sound reasoning or effective arguments. Write a short letter to a friend in which you try to persuade him or her to do something, for example, go with you to a concert, go on a biking trip, or study German. In #1 make notes of the objections your friend might raise, and your counterarguments. In #2 organize your arguments into a friendly, convincing letter. Include examples of relative pronouns and at least two examples of indirect discourse.

1. _____   _____

   _____   _____

   _____   _____

   _____   _____

2. Liebe(r) _____ ,

   _____

   _____

   _____

   _____

   _____

   _____

   _____

   _____

   _____

                         Dein(e) _____

Kapitel 12

A. Kleine Gespräche. Complete the following mini-dialogs by forming sentences from the German cues.

1. –Wo ist dein Hund?
   ich / sehen / weglaufen / ihn / vor einer Stunde

   _____

   (I saw him run off an hour ago.)

2. –Sag mal, wo hast du den schönen Anzug her?
   den / ich / lassen / machen / mir / letztes Jahr / in Österreich

   _____

   (I had that made in Austria last year.)

3. –Eure Nachbarn kommen aber spät nach Hause.
   ja // wir / hören / nach Hause kommen / sie / jeden Abend spät

   _____

   (Yes. We hear them come home late every night.)

4. –Hat man den Jungen verhaftet°?   *arrested*
   ja // er / wollen / stehlen / ein Radio

   _____

   (Yes. He had wanted to steal a radio.)

5. Vorsicht! Auto!
   Mensch // das / ich / sehen / kommen / gar nicht / !

   _____

   (Man, I didn't see it coming at all!)

B. Schon wieder? Two roommates at the *Freie Universität* in Berlin want to attend a play at the *Waldbühne,* a popular open-air stage. Complete their conversation with the proper forms of *lassen.*

1. **Rolf:** Es ist schon Viertel nach sieben, und das Stück beginnt um acht.

   Frank: Ja. _____ uns gehen!

2. **Rolf:** Weißt du noch, wie wir voriges Jahr dahinfahren wollten?

   Frank: Ach ja. Meine Batterie war leer, und wir mußten einen Mechaniker kommen

   _____ .

3. **Rolf:** Was suchst du denn?

   Frank: Wo habe ich jetzt nur meinen Autoschlüssel _____ ?

4. **Rolf:** Vielleicht hast du ihn wieder auf deinem Schreibtisch liegen

   _____ .

   Frank: Leider nicht. Ich habe überall gesucht.

5. **Rolf:** _____ _____ suchen! Ich habe ihn

   letztes Mal auch gefunden. Übrigens, wenn ich deinen Schlüssel finde,

   _____ du mich dann fahren?

   Frank: Tja ... Wie wäre es, wenn ich mir einen extra Schlüssel machen

   _____ ?

C. Musiker gesucht. You have been asked to organize a group of students to perform at a community *Oktoberfest,* and have asked friends for advice on others' musical abilities. Summarize their opinions by using modal verbs subjectively. Select the appropriate verb.

> Gisela ist wahrscheinlich musikalisch. (will, dürfte)
> –Du willst also sagen, sie *dürfte* musikalisch sein.

1. Ich bin sicher, daß Herbert musikalisch ist. (soll, muß)

   –Du willst also sagen, er _____ musikalisch sein.

2. Es ist wohl möglich, daß Michael gut Trompete spielt, aber ich bin nicht sicher. (könnte, müßte)

   –Du willst also sagen, er _____ gut Trompete spielen.

3. Ich habe gehört, daß Karin schön singt, aber ich habe sie selbst nie singen hören. (will, soll)

   –Du willst also sagen, sie _____ schön singen.

4. Steffie sagt immer, daß sie eine gute Stimme hat, aber das kann ich nicht glauben. (will, dürfte)

   –Du willst also sagen, sie _____ musikalisch sein.

5. Peters Eltern sind sehr musikalisch. Es ist wahrscheinlich, daß er auch musikalisch ist, aber er ist faul. (kann, mag)

   –Du willst also sagen, er _____ musikalisch sein, aber er ist faul.

D. Die Berliner Philharmonie. Kerstin and Theo make plans to attend a concert. Convert the two given sentences in each exchange into one longer sentence containing a dependent infinitive.

> **Theo:**   Willst du ins Konzert gehen? Hast du Lust?
> **Kerstin:** Ja, ich habe Lust, *ins Konzert zu gehen.*

1. **Kerstin:** Mußt du die Karten heute nachmittag bestellen? Wäre das gut?

   Theo: Ja, es wäre gut, _____

2. **Theo:**   Könntest du die Karten abholen? Hättest du Zeit?

   Kerstin: Ja, ich hätte Zeit, _____

3. **Theo:**   Sollen wir ein Taxi nehmen? Es wäre einfacher.

   Kerstin: Ja, einfacher wäre es, _____

4. **Theo:**   Ach, vielleicht doch nicht! Fahren wir mit dem Bus! Es ist doch viel billiger.

   Kerstin: Ja, es ist viel billiger, _____

5. **Kerstin:** Kann man nach dem Konzert mit dem Dirigenten° sprechen? Ist   *conductor*

   es möglich?

   Theo: Vielleicht ist es möglich, _____

   _____

E. Probleme. Nadine tells about her difficulty in getting to an orchestra audition. Combine sentences using *um ... zu, ohne ... zu,* and *anstatt ... zu.*

> Ich habe bis sieben Uhr geschlafen. Ich bin nicht um sechs aufgestanden.
> *Ich habe bis sieben Uhr geschlafen, anstatt um sechs aufzustehen.*

1. Ich mußte mich beeilen. Ich bin pünktlich angekommen.

   _____

2. Ich bin aus dem Haus gelaufen. Ich habe mein Cello nicht mitgenommen.

   _____

3. Ich mußte zurückgehen. Ich habe mein Instrument geholt.

   _____

4. Ich habe ein Taxi genommen. Ich bin nicht mit dem Bus gefahren.

_____

5. Wegen Straßenarbeiten mußten wir ein Stück vor der Konzerthalle halten. Wir konnten nicht direkt vor dem Gebäude halten.

_____

F. **Atomenergie.** Scientists and scholars are discussing nuclear energy. Their sentences contain pre-noun inserts. Their thoughts are also expressed in sentences containing relative clauses. Complete the relative clauses by inserting the appropriate form of the relative pronoun.

1. Wir befinden° uns in einer schon oft diskutierten Situation.   *find*

   Wir befinden uns in einer Situation, _____ schon oft

   diskutiert worden ist.

2. Wir stehen vor einem schon lange bekannten Problem.

   Wir stehen vor einem Problem, _____ schon lange

   bekannt ist.

3. Viele von bekannten Wissenschaftlern° bisher nicht akzeptierte   *scientists*

   Lösungen° liegen auf dem Tisch.   *solutions*

   Viele Lösungen, _____ von bekannten

   Wissenschaftlern bisher nicht akzeptiert worden sind, liegen auf

   dem Tisch.

4. Meine eigene, meistens leider mißverstandene Meinung läßt sich so

   formulieren:

   Meine eigene Meinung, _____ meistens leider

   mißverstanden wird, läßt sich so formulieren:

5. Die bis heute als umweltfreundlich geltende° Atomenergie muß neu   *accepted*

   durchdacht werden.

   Die Atomenergie, _____ bis heute als

   umweltfreundlich gilt, muß neu durchdacht werden.

6. Nur so können wir uns auf die doch immer möglichen Unfälle wirklich

vorbereiten.

Nur so können wir uns auf die Unfälle, _____ doch

immer möglich sind, wirklich vorbereiten.

G. Persönliche Fragen. You are applying for an international scholarship. Members of the interviewing panel are interested not only in your academic record, but also in you as a person. Answer their questions, using *zu* + infinitive constructions.

1. Was war schon immer Ihr Wunsch?

   _____

   _____

2. Was würden Sie besonders schön oder interessant finden?

   _____

   _____

3. Wozu haben Sie keine Zeit?

   _____

   _____

4. Was finden Sie wichtig? Und was finden Sie schwer?

   _____

   _____

5. Was macht Ihnen Spaß? Warum?

   _____

   _____

H. Jetzt schreiben Sie. The process of compromise involves trying to see both sides of an issue and reaching some sort of resolution. Imagine you are studying in Bremen and want to travel with a friend to Leipzig, for a short break. You both agree on the destination, but not on how to get there or where to stay. Write a short conversation in which you discuss your differences and reach an agreement. In #1 note your wishes and your friend's, and supporting arguments. In #2 write a conversation that deals with and resolves the problems. Include examples of *lassen*, *zu* + infinitive constructions, and modals used subjectively.

Vokabeln: Bus, Fahrrad, Mietwagen°, Zug // die Jugendherberge°, die Pension°, Zimmer bei einer Familie

rental car / youth hostel / small hotel

1. _____   _____

   _____   _____

   _____   _____

   _____   _____

2. _____

   _____

   _____

   _____

   _____

   _____

   _____

   _____

   _____

   _____

Übungen zum Hörverständnis

Thema 1 Freizeit

A. Was sagen Sie? Sie hören jetzt fünf Fragen. Schreiben Sie für jede Frage eine kurze, logische Antwort. Sie hören jede Frage zweimal.

1. _____

2. _____

3. _____

4. _____

5. _____

B. Ferien. Ein Reporter interviewt die Vorsitzende° der „Deutschen Gesellschaft für Freizeit" in Düsseldorf. Ergänzen Sie das Interview mit den Wörtern und Zahlen, die Sie auf dem Tonband hören. Benutzen Sie arabische Ziffern° für die Zahlen. Sie hören das Interview zweimal.

chairperson

arabische Ziffern: Arabic numbers

Reporter: Reisen die Deutschen gern _____ _____ _____?

Vorsitzende: Ja! Über _____% der Deutschen machen jedes Jahr _____ eine große

_____ von sechs oder mehr Tagen.

Reporter: Wohin _____ _____?

Vorsitzende: Spanien ist das _____ _____ _____ im

Ausland. Etwa 4 Millionen Deutsche fahren jedes Jahr dorthin. Andere populäre

_____ sind Italien, _____, Portugal und

Frankreich. _____% der Deutschen _____ ihre Ferien zu

Hause in Deutschland, vor allem in Bayern.

Reporter: Was machen die Deutschen in den Ferien _____ _____?

Vorsitzende: _____% der Deutschen interessieren sich für Sport. _____

sind Wandern, Schwimmen, _____, Bergsteigen und Ski laufen.

_____% der Deutschen wollen in der Freizeit lieber _____. Sie wollen

lesen oder einfach nur _____ _____ _____ _____.

C. **Telefongespräch.** Jetzt hören Sie ein Telefongespräch zwischen Karin Lenz und ihrer Freundin Sarah Vogt. Sie lesen dann in Ihrem Übungsbuch sechs Fragen zum Gespräch. Für jede Frage sehen Sie drei Antworten. Kreuzen Sie die richtige Antwort an. Sie hören die folgenden neuen Wörter in dem Gespräch:

Silvester: New Year's Eve   *beim Abwaschen:* washing dishes

1. Was hat Sarah gestern nachmittag gemacht?

   _____ a. Sie hat Volleyball gespielt.

   _____ b. Sie hat zwei Stunden ferngesehen.

   _____ c. Sie hat Gymnastik gemacht.

2. Warum macht Stefan Sarah Vorwürfe?

   _____ a. Sie treibt zu oft Sport.

   _____ b. Sie studiert zuviel.

   _____ c. Sie hat keine Zeit für ihn.

3. Wo wohnt Sarahs Tante?

   _____ a. in Oberammergau

   _____ b. in Freudenstadt

   _____ c. in Garmisch

4. Wo würden Sarah und Karin übernachten?

   _____ a. bei Karins Freundin

   _____ b. in einem kleinen Wochenendhaus

   _____ c. in einem Waldhotel

5. Was müßte Karin machen?

   _____ a. Sie müßte abwaschen.

   _____ b. Sie müßte während des Festes fotografieren.

   _____ c. Sie müßte das Essen vorbereiten.

6. Wie findet Karin Sarahs Plan?

   _____ a. Karin wird böse und macht Sarah Vorwürfe.

   _____ b. Sie hat wirklich nichts dagegen.

   _____ c. Sie möchte erstmal ein paar Tage darüber nachdenken.

Geschichte ohne Moral, von Alfred Polgar

Der Text befindet sich auf Seite 22 und 23. Hören Sie zu. Sprechen Sie nicht nach.

D. Fragen zur Geschichte. Sie hören jetzt sieben Fragen zu Polgars „Geschichte ohne Moral". Nach jeder Frage hören Sie drei Antworten. Kreuzen Sie die richtige Antwort an°. Sie hören jede Frage und Antwort zweimal.

Kreuzen ... an: mark

1. _____ a. _____ b. _____ c.   5. _____ a. _____ b. _____ c.

2. _____ a. _____ b. _____ c.   6. _____ a. _____ b. _____ c.

3. _____ a. _____ b. _____ c.   7. _____ a. _____ b. _____ c.

4. _____ a. _____ b. _____ c.

Das Gedicht und weitere Texte

Vergnügungen, von Bertolt Brecht

Das Gedicht befindet sich auf Seite 20. Hören Sie zu. Sprechen Sie nicht nach.

Bungy-Jumping

Der Text befindet sich auf Seite 9 und 10. Hören Sie zu. Sprechen Sie nicht nach.

Die Wartburg

Der Text befindet sich auf Seite 11 und 12. Hören Sie zu. Sprechen Sie nicht nach.

Thema 2 Kommunikation

A. Was sagen Sie? Sie hören jetzt vier Fragen. Schreiben Sie für jede Frage eine kurze, logische Antwort. Sie hören die Fragen zweimal.

1. _____

2. _____

3. _____

4. _____

B. Typisch deutsch? Sie sehen vier Bilder zum Leben in Deutschland. Zu jedem Bild hören Sie zwei Sätze. Kreuzen Sie den Buchstaben des richtigen Satzes an. In **Übung B** hören Sie drei neue Wörter:

die Stirn: forehead   *der Zeigefinger: index finger*
der Daumen: thumb

Sie hören jeden Satz zweimal.

1. _____ a. _____ b.

3. _____ a. _____ b.

2. _____ a. _____ b.

4. _____ a. _____ b.

C. **Sprachliche Kommunikation – die Du-Sie-Frage.** Wen duzt° man und *use du*
wen siezt° man? Früher gab es ziemlich klare Regeln° für „du" und „Sie", *use Sie / rules*
aber heute sind diese Regeln nicht mehr so klar. Sie hören jetzt ein Interview, in dem der Journalist Dieter Meyer mit zwei deutschen Studenten
über das Du-Sie Problem spricht.

In Ihrem Übungsbuch sehen Sie sechs Fragen zum Interview. Für jede
Frage lesen Sie drei Antworten. Kreuzen Sie die beste Antwort an.

In dem Interview hören Sie sechs neue Wörter:

duzen: to use du   *empfehlen: to recommend*
siezen: to use Sie   *der Vorname: first name*
die Erwachsenen: adults   *der Nachname: last name*

1. Wer sind Doris Schulz und Christian Wolf?

   _____ a. Sie sind Journalisten für *Die Zeit*.

   _____ b. Sie sind junge Deutsche.

   _____ c. Sie sind deutsche Lehrer.

2. Was meint Doris zur Frage der Kommunikation?

   _____ a. Die Kommunikation wäre viel einfacher mit dem *Sie*.

   _____ b. Die Kommunikation wäre viel einfacher mit dem *Du*.

   _____ c. Die Kommunikation wäre viel schwerer mit dem *Du*.

3. Wer findet es gut, sich zu duzen?

   _____ a. Studenten

   _____ b. Erwachsene

   _____ c. Journalisten

4. Warum meint Christian, daß die Sie-Form heute noch wichtig ist?

   _____ a. Weil die Sie-Form kompliziert ist.

   _____ b. Weil die Sie-Form eine lange Tradition hat.

   _____ c. Weil die Sie-Form steif° und förmlich° ist. *stiff / formal*

5. Was ist Christians Idee für eine Zwischenform?

   _____ a. Man duzt sich und gebraucht Nachnamen.

   _____ b. Man siezt sich und gebraucht Nachnamen.

   _____ c. Man siezt sich und gebraucht Vornamen.

6. Was wird der Journalist in der Zukunft machen?

_____ a. Er wird alle siezen.

_____ b. Er wird alle duzen.

_____ c. Er weiß wirklich nicht, was er machen soll.

Ein Tisch ist ein Tisch, von Peter Bichsel

Der Text befindet sich auf Seite 47 bis 50. Hören Sie zu. Sprechen Sie nicht nach.

D. Richtig oder falsch? Sie hören jetzt fünf Aussagen° zu Peter Bichsels   *statements*
Geschichte „Ein Tisch ist ein Tisch". Kreuzen Sie **R** an, wenn die Aussage
richtig ist. Kreuzen Sie **F** an, wenn sie falsch ist. Sie hören jeden Satz
zweimal.

1. _____ R _____ F   3. _____ R _____ F   5. _____ R _____ F

2. _____ R _____ F   4. _____ R _____ F

Das Gedicht und weitere Texte

Nicht Zutreffendes streichen, von Hans Magnus Enzensberger

Der Text befindet sich auf Seite 45. Hören Sie zu. Sprechen Sie nicht nach.

Postkarte von der Ostsee

Der Text befindet sich auf Seite 34 und 35. Hören Sie zu. Sprechen Sie nicht nach.

Ein Beschwerdebrief

Der Text befindet sich auf Seite 36. Hören Sie zu. Sprechen Sie nicht nach.

Thema 3 Das vereinigte Deutschland

A. Wo findet das Gespräch statt? Sie hören jetzt vier kurze Gespräche. Zu jedem Gespräch lesen Sie zwei mögliche Orte. Kreuzen Sie den Buchstaben des logischen Ortes an. Sie hören jedes Gespräch zweimal. In dem ersten Gespräch hören Sie ein neues Wort:

Fleck: spot, place

1. _____ a. am Bahnhof   3. _____ a. an der Kasse

   _____ b. im Stau   _____ b. an der Grenze

2. _____ a. in der Werkstatt   4. _____ a. in der Bibliothek

   _____ b. an der Unfallstelle _____ b. im Kaufhaus

B. Demonstration. Alexander Weiß erzählt seinen Freunden von seinen Erlebnissen° auf einer Demonstration für mehr Arbeitsplätze. Sie hören jetzt den Anfang seiner Erzählung. Weiter unten finden Sie zehn Fragen zur Erzählung. Beantworten Sie diese Fragen. In der Erzählung hören Sie fünf neue Wörter: *experiences*

das Schild: sign   *verteilen: to distribute*   *der Schraubenzieher:*
der Imbißstand: snack bar *Plakate: posters*   *screwdriver*

Sie hören die Erzählung zweimal.

> Wann kam Alexander in der Stadt an?   *um halb sieben*

  1. Alexander hängte sich ein Schild um den Hals. Was stand darauf?

     _____

  2. Warum wollte er eine Tasse Kaffee trinken?

     _____

  3. Warum konnte er nicht bezahlen?

     _____

  4. Was fehlte ihm sonst noch?

     _____

  5. Warum ging er zu seinem Auto?

     _____

  6. Was hatte er in der Einkaufstasche?

     _____

7. Wer stand plötzlich neben Alexander?

_____

8. Warum hatte Alexander Angst?

_____

9. Was machte die Polizistin mit dem Schraubenzieher?

_____

10. Was machte Alexander, nachdem er „Wiedersehen" gesagt hatte?

_____

C. **Verwandte Wörter: das Suffix *-ung* und das Partizip Perfekt°.** Sie hören jetzt fünf Satzpaare. Den ersten Satz in jedem Paar ergänzen Sie mit dem Substantiv, das Sie auf dem Tonband hören. Den zweiten Satz in jedem Paar müssen Sie mit dem verwandten Verb im Partizip Perfekt ergänzen. Sie hören also das Substantiv in Satz *a*, aber nicht das verwandte Verb in Satz *b*. Sie hören jedes Satzpaar zweimal.

Partizip Perfekt:
past participle

> a. Wir haben uns die traurige *Erzählung* der Frau angehört.
> b. Die Frau hat eine traurige Geschichte *erzählt*.

1. a. Gibt es eine englische _____ von Helga Königsdorfs Kurzgeschichte?

   b. Hat man Königsdorfs Kurzgeschichte ins Englische _____?

2. a. Die Autorin gab eine graphische _____ von dem Unfall.

   b. Die Autorin hat den Unfall graphisch _____.

3. a. Der Mopedfahrer hatte _____ nötig.

   b. Der Mopedfahrer hat sich immer noch nicht von dem Schreck _____.

4. a. Wie kam die Frau zu der _____, daß sie dem Jungen helfen sollte?

   b. Was hat die Frau _____, daß sie dem Jungen helfen sollte?

5. a. Fand der Junge _____ bei dem Ehepaar?

   b. Hat das Ehepaar den Jungen _____?

Sachschaden, von Helga Königsdorf

Der Text befindet sich auf Seite 76 und 77. Hören Sie zu. Sprechen Sie nicht nach.

D. **Richtig oder falsch?** Sie hören jetzt sechs Aussagen zu Königsdorfs „Sachschaden". Kreuzen Sie
R an, wenn die Aussage richtig ist, und **F**, wenn sie falsch ist. Sie hören jeden Satz zweimal.

1. _____ R _____ F   3. _____ R _____ F   5. _____ R _____ F

2. _____ R _____ F   4. _____ R _____ F   6. _____ R _____ F

Das Gedicht und weitere Texte

Berliner Liedchen, von Wolf Biermann

Das Gedicht befindet sich auf Seite 73. Hören Sie zu. Sprechen Sie nicht nach.

Ich war stolz auf dieses Land

Der Text befindet sich auf Seite 60 bis 62. Hören Sie zu. Sprechen Sie nicht nach.

Thema 4 Gleichberechtigung

A. Was sagen Sie? Sie hören jetzt vier Fragen. Schreiben Sie für jede Frage eine kurze, logische Antwort. Sie hören jede Frage zweimal.

1. _____

2. _____

3. _____

4. _____

B. Wo findet das Gespräch statt? Sie hören jetzt vier kurze Gespräche. Zu jedem Gespräch lesen Sie zwei mögliche Orte. Kreuzen Sie den Buchstaben des logischen Ortes an. Sie hören jedes Gespräch zweimal.

1. _____ a. in der Grundschule   3. _____ a. im Büro

   _____ b. auf der Universität   _____ b. im Kindergarten

2. _____ a. auf dem Gymnasium   4. _____ a. in der Küche

   _____ b. beim Arzt   _____ b. in der Bäckerei

C. Machen Sie mit. Frau Brandt macht bei einem populären Fernseh-Quiz mit. Quizmaster Wim stellt die Fragen. In Ihrem Übungsbuch finden Sie vier Fragen zu dem Quiz. Für jede Frage lesen Sie drei Antworten. Kreuzen Sie die beste Antwort an. In dem Quiz hören Sie zwei neue Wörter:

gegründet: founded   *das Stimmrecht: right to vote*

1. Was ist Frau Brandts Spezialgebiet für diesen Abend?

    _____ a. Geschichte der deutschen Universitäten

    _____ b. Gleichberechtigung

    _____ c. Frauen in Deutschland

2. Seit wann dürfen Frauen an deutschen Universitäten studieren?

    _____ a. seit 1901

    _____ b. seit 1386

    _____ c. seit 1801

3. Welches Recht haben deutsche Frauen seit 1919?

_____ a. das Recht, an deutschen Universitäten zu studieren

_____ b. das Recht, einen Beruf zu wählen

_____ c. das Stimmrecht

4. Wieviel Prozent der verheirateten berufstätigen Frauen kochen immer noch für die Familie?

_____ a. 50% der Frauen

_____ b. 11% der Frauen

_____ c. ungefähr 90% der Frauen

(Tagebuchaufzeichnung) Dienstag, der 27. September 1960, von Christa Wolf

Der Text befindet sich auf Seite 101 bis 104. Hören Sie zu. Sprechen Sie nicht nach.

D. **Fragen zum Text.** Sie hören jetzt sechs Fragen zu Wolfs „Tagebuchaufzeichnung". Kreuzen Sie **R** an, wenn die Aussage richtig ist, und **F,** wenn sie falsch ist. Sie hören jeden Satz zweimal.

1. _____ R _____ F   3. _____ R _____ F   5. _____ R _____ F

2. _____ R _____ F   4. _____ R _____ F   6. _____ R _____ F

Das Gedicht und weitere Texte

Du sprichst von Nähe, von Kristiane Allert-Wybranietz

Das Gedicht befindet sich auf Seite 99. Hören Sie zu. Sprechen Sie nicht nach.

Berufe: Interviews mit Jürgen Münnich, Erzieher; Monika Schultze, Kommunikationselektronikerin und Sabine Stobbe, Schlosserin

Die Interviews befinden sich auf Seite 85 bis 89. Hören Sie zu. Sprechen Sie nicht nach.

Thema 5 Musik

A. Was sagen Sie? Sie hören jetzt vier Fragen. Schreiben Sie für jede Frage eine kurze, logische Antwort. Sie hören jede Frage zweimal.

1. _____

2. _____

3. _____

4. _____

B. Fünf wilde Schwäne°. Sie hören jetzt das Volkslied „Es zogen° einst° fünf wilde Schwäne". Nach dem Lied hören Sie eine kurze Besprechung° des Volkslieds, und danach hören Sie fünf Fragen zur Besprechung und zum Lied.

swans / took wing / once / discussion

Sie hören nun das Lied.

Es zogen einst fünf wilde Schwäne

Es zo-gen einst fünf wil-de Schwä-ne,

Schwäne leuchtend° weiß und schön. Sing, sing,

shining

was geschah°? Keiner ward mehr ge-sehen. Ja! -sehn.

happened

Es zogen° einst fünf junge Burschen°　　　　　*marched out / fellows*
stolz und kühn° zum Kampf hinaus.　　　　　　*bold*
Sing, sing, was geschah?
Keiner kam mehr nach Haus. Ja!

Es wuchsen einst fünf junge Birken°　　　　　*birch trees*
schlank und grün am Bachesrand°.　　　　　　*stream's bank*
Sing, sing, was geschah?
Keine in Blüten° stand. Ja!　　　　　　　　*in bloom*

Es wuchsen einst fünf junge Mädchen
schlank und schön am Memelstrand°.　　　　　*shores of the Memel*
Sing, sing, was geschah?
Keine den Brautkranz° wand°. Ja!　　　　　　*bridal wreath / wove*

Nun hören Sie eine Besprechung des Volkslieds. In der Besprechung hören Sie sieben neue Wörter:

stammen: *to originate* **Brautkränze (pl.):** *bridal wreaths*
Litauen: *Lithuania* **die Hälfte:** *half*
die Birken (pl.): *birch trees* **die Variante:** *variation*
die Blüte: *bloom*

Sie hören jetzt fünf Aussagen zur Besprechung und zum Volkslied. Kreuzen Sie **R** an, wenn die Aussage richtig ist, und **F**, wenn sie falsch ist. Sie hören jeden Satz zweimal.

1. _____ R _____ F　　　3. _____ R _____ F　　　5. _____ R _____ F

2. _____ R _____ F　　　4. _____ R _____ F

Der Erlkönig, von Johann Wolfgang von Goethe

Das Gedicht befindet sich auf Seite 128 und 129. Hören Sie zu. Sprechen Sie nicht nach.

C. Fragen zum Gedicht. Sie hören jetzt acht Aussagen zu Goethe's Gedicht „Der Erlkönig". Kreuzen Sie **R** an, wenn die Aussage richtig ist, und **F**, wenn sie falsch ist. Sie hören jede Aussage zweimal.

1. _____ R _____ F　　　4. _____ R _____ F　　　7. _____ R _____ F

2. _____ R _____ F　　　5. _____ R _____ F　　　8. _____ R _____ F

3. _____ R _____ F　　　6. _____ R _____ F

Grönemeyers Lied und weitere Texte

Freunde, von Herbert Grönemeyer

Das Lied befindet sich auf Seite 122 und 123. Hören Sie zu. Sprechen Sie nicht nach.

Clara Schumann

Der Text befindet sich auf Seite 116 und 117. Hören Sie zu. Sprechen Sie nicht nach.

K(l)eine Kunst

Der Text befindet sich auf Seite 120. Hören Sie zu. Sprechen Sie nicht nach.

Thema 6 Die Welt der Arbeit

A. Was sagen Sie? Sie hören jetzt vier Fragen. Schreiben Sie für jede Frage eine kurze, logische Antwort. Sie hören jede Frage zweimal.

1. _____

2. _____

3. _____

4. _____

B. Logisch oder unlogisch? Sie hören jetzt vier Fragen oder Aussagen. Kreuzen Sie **L** an, wenn die Erwiderung° zur Frage oder Aussage logisch   *response*
ist, und **U**, wenn sie unlogisch ist. Sie hören jedes Gespräch zweimal.

1. _____ L _____ U   3. _____ L _____ U

2. _____ L _____ U   4. _____ L _____ U

C. Lebenslauf. Ergänzen Sie Michael Walters Lebenslauf mit den Wörtern, die Sie auf dem Tonband hören. Sie hören den Lebenslauf zweimal.

Lebenslauf

Am 17. _____ 1975 wurde ich _____ _____ von vier

_____ in Frankfurt a.M. geboren. Meine Mutter ist

_____ und mein Vater ist

_____ in Stuttgart. Ich besuchte dort die Grundschule

und _____ _____. Ich

_____ _____ schon lange für

_____, besonders Biologie.

_____ habe ich letztes Jahr ein zweijähriges

_____ begonnen mit dem _____,

biologisch-technischer Assistent zu werden.

Mittagspause, von Wolf Wondratschek

Die Geschichte befindet sich auf Seite 151 und 152. Hören Sie zu. Sprechen Sie nicht nach.

D. **Fragen zur Geschichte.** Sie hören jetzt vier Fragen zu Wondratscheks Geschichte „Mittagspause". Nach jeder Frage hören Sie drei Antworten. Kreuzen Sie die beste Antwort an. Sie hören jede Frage und Antwort zweimal.

1. _____ a. _____ b. _____ c.   3. _____ a. _____ b. _____ c.

2. _____ a. _____ b. _____ c.   4. _____ a. _____ b. _____ c.

Das Gedicht und weitere Texte

Ein Bauer, von Sarah Kirsch

Das Gedicht befindet sich auf Seite 149. Hören Sie zu. Sprechen Sie nicht nach.

Ich bin ein Contergankind

Der Text befindet sich auf Seite 139 und 140. Hören Sie zu. Sprechen Sie nicht nach.

Sorgen um die Chefs von morgen

Das Interview befindet sich auf Seite 145. Hören Sie zu. Sprechen Sie nicht nach.

Thema 7 Multikulturelle Gesellschaft

A. Was sagen Sie? Sie hören jetzt vier Fragen. Schreiben Sie für jede Frage eine kurze, logische Antwort. Sie hören jede Frage zweimal. In der ersten Frage hören Sie ein neues Wort:

Volkshochschule: adult evening school

1. _____

2. _____

3. _____

4. _____

B. Meinungsverschiedenheiten°. Lisa und ihr Bruder Robert sind erst zwei Wochen in Deutschland. Ergänzen Sie Lisas Tagebucheintrag° mit den Wörtern, die Sie auf dem Tonband hören. Sie hören den Eintrag zweimal.

differences of opinion
diary entry

_____ Robert und ich _____ sind, denken wir oft sehr

anders. Ich, zum Beispiel, finde, daß man in dieser Stadt sehr freundlich _____

_____ ist. Robert aber nicht. Er hat mir heute abend

_____ _____ gesagt, er fände die Deutschen

_____ und arrogant. „Rede doch _____

_____!" sagte ich zu ihm. „Das stimmt _____ nicht!

_____ _____ sind doch _____

und immer _____, uns zu helfen. _____

_____ sind wirklich unfair!" Als ich das sagte, _____

Robert mir _____ _____ _____ zu.

C. Wer verbraucht° mehr? Wo trinkt man mehr Kaffee? In Deutschland oder in den USA? Wo ißt man mehr Kartoffeln? Man bildet sich leicht Vorurteile über den Konsum in anderen Ländern. Raten Sie, wo der Verbrauch[1] eines Produkts größer ist, und kreuzen Sie Ihre Vermutung° an. Sie hören dann die richtige Antwort auf dem Tonband. Kreuzen Sie die richtige Antwort an.

consumes

guess

---

[1]Verbrauch pro Jahr pro Person

	Vermutung Deutschland	Vermutung USA	Antwort Deutschland	Antwort USA
1. Wo wird mehr Butter verbraucht?	_____	_____	_____	_____
2. Wo ißt man mehr Frischobst?	_____	_____	_____	_____
3. Wo ißt man mehr Geflügel (*poultry*)?	_____	_____	_____	_____
4. Wo werden mehr Kartoffeln gegessen?	_____	_____	_____	_____
5. Wo ißt man mehr Frischgemüse?	_____	_____	_____	_____
6. Wo wird mehr Kaffee getrunken?	_____	_____	_____	_____
7. Wo trinkt man mehr Bier?	_____	_____	_____	_____

Hunne im Abendland, von Janos Bardi

Der Text befindet sich auf Seite 175 bis 177. Hören Sie zu. Sprechen Sie nicht nach.

D. Richtig oder falsch? Sie hören jetzt sechs Aussagen zu Bardis Geschichte „Hunne im Abendland". Kreuzen Sie **R** an, wenn die Aussage richtig ist und **F**, wenn sie falsch ist. Sie hören jeden Satz zweimal.

1. _____ R _____ F   3. _____ R _____ F   5. _____ R _____ F

2. _____ R _____ F   4. _____ R _____ F   6. _____ R _____ F

Das Gedicht und weitere Texte

Was ich nicht verstehen kann, von Sabri Çakir

Das Gedicht befindet sich auf Seite 172 und 173. Hören Sie zu. Sprechen Sie nicht nach.

Metin sucht seinen Weg, von Mehmet Ünal

Der Text befindet sich auf Seite 162 bis 164. Hören Sie zu. Sprechen Sie nicht nach.

Jetzt kann ich sagen: Ich bin schwarz, von Helga Emde

Der Text befindet sich auf Seite 166 bis 168. Hören Sie zu. Sprechen Sie nicht nach.

Thema 8 Partnerschaft

A. Was sagen Sie? Sie hören jetzt fünf Fragen. Schreiben Sie für jede Frage eine kurze, logische Antwort. Sie hören jede Frage zweimal.

1. _____

2. _____

3. _____

4. _____

5. _____

B. Hörer suchen Rat. Professor Dreyer, Hausmann aus Leipzig, bittet in einer Radiosendung um Rat. Hören Sie sich die Sendung an, und beantworten Sie die Fragen weiter unten. In der Sendung hören Sie vier neue Wörter:

spülen: to wash
die Spülzeit: the time it takes to wash the dishes

verbessern: to improve
Würde: dignity

1. Wann stand Professor Dreyer auf?

_____

2. Wer in der Familie machte das Frühstück?

_____

3. Wie findet Professor Dreyer das Geschirrspülen?

_____

4. Was mußte Professor Dreyer machen, bevor er zur Uni ging?

_____

5. Wie hat der Kollege reagiert, als er Professor Dreyer begegnete?

_____

6. Was möchte Professor Dreyer wissen?

_____

C. **Wortschatzübung: Synonyme.** Weiter unten lesen Sie sechs Sätze. Zu jedem Satz hören Sie zwei Sätze, aber nur ein Satz von diesen beiden hat dieselbe Bedeutung wie der Satz in Ihrem Übungsbuch. Kreuzen Sie diesen synonymen Satz an. Sie hören jedes Satzpaar zweimal.

1. Ich kann's einfach nicht fassen. _____ a. _____ b.

2. Wir haben nur noch einen halben Liter Milch. Reicht das? _____ a. _____ b.

3. Ich habe viel von meinen Eltern gekriegt. _____ a. _____ b.

4. Das ist eine öffentliche Bibliothek. _____ a. _____ b.

5. Wo finden wir eine Musikgruppe, die auf der Party umsonst spielt? _____ a. _____ b.

6. Ich bin vollkommen deiner Meinung. _____ a. _____ b.

Der Bärenhäuter, von Jakob und Wilhelm Grimm

Der Text befindet sich auf Seite 200 bis 203. Hören Sie zu. Sprechen Sie nicht nach.

D. **Fragen zum Text.** Sie hören jetzt sieben Fragen zu dem Märchen „Der Bärenhäuter". Kreuzen Sie **R** an, wenn die Aussage richtig ist, und **F**, wenn sie falsch ist. Sie hören jeden Satz zweimal.

1. _____ R _____ F   4. _____ R _____ F   7. _____ R _____ F

2. _____ R _____ F   5. _____ R _____ F

3. _____ R _____ F   6. _____ R _____ F

Das Gedicht und weitere Texte

Sachliche Romanze, von Erich Kästner

Das Gedicht befindet sich auf Seite 198. Hören Sie zu. Sprechen Sie nicht nach.

An Clara Wieck, von Robert Schumann

Der Text befindet sich auf Seite 187 und 188. Hören Sie zu. Sprechen Sie nicht nach.

Neue Väter hat das Land

Der Text befindet sich auf Seite 190 bis 192. Hören Sie zu. Sprechen Sie nicht nach.

Thema 9 Verkehr

A. **Was sagen Sie?** Sie hören jetzt vier Fragen. Schreiben Sie für jede Frage eine kurze, logische Antwort. Sie hören jede Frage zweimal. Sie hören zwei neue Wörter:

Autobahnstrecken: sections of freeway   *Innenstadt: city or town center*

1. _____

2. _____

3. _____

4. _____

B. **Logisch oder unlogisch?** Sie hören jetzt sechs Fragen. Nach jeder Frage hören Sie eine Erwiderung. Wenn die Erwiderung logisch ist, schreiben Sie **L**. Wenn sie unlogisch ist, schreiben Sie **U**. Sie hören jedes kurze Gespräch zweimal.

1. _____   3. _____   5. _____

2. _____   4. _____   6. _____

C. **Deutsche Fahrer.** Wer fährt besser – deutsche Frauen oder deutsche Männer? Das Kraftfahrt-Bundesamt° in Flensburg hat Zahlen veröffentlicht°, die diese Frage beantworten. Sie hören jetzt den Text eines Zeitungsartikels. In Ihrem Übungsbuch sehen Sie fünf Aussagen zum Text, die Sie vervollständigen° müssen. Kreuzen Sie das richtige Satzende (**a, b** oder **c**) an. In dem Text hören Sie fünf neue Wörter:

Federal Office of Motor Vehicles made public complete

Bundesamt: *Federal Office*   **veröffentlichte:** *made public*
bestätigt: *confirms*   **Verkehrsregeln:** *traffic rules*
Probezeit: *probation period*

1. Die Statistik für Deutschland zeigt,

   _____ a. daß alle Frauen besser fahren als Männer.

   _____ b. daß Männer besser fahren als Frauen.

   _____ c. daß Frauen, die Fahranfänger sind, besser fahren als männliche Fahranfänger.

2. Die Probezeit für alle Fahranfänger

   _____ a. dauert ein Jahr.

   _____ b. dauert zwei Jahre.

   _____ c. dauert drei Jahre.

3. Wenn man als Fahranfänger bestimmte Regeln verletzt oder bestimmte Unfälle gehabt hat,

_____ a. darf man nicht fahren.

_____ b. muß man eine Probezeit von drei Jahren machen.

_____ c. muß man Fahrstunden nehmen oder die Prüfung wiederholen.

4. Die Statistik zeigt,

_____ a. daß mehr als 50 Prozent der männlichen Fahranfänger einen Unfall hatten.

_____ b. daß weniger als 5 Prozent der weiblichen Fahranfänger einen Unfall hatten.

_____ c. daß fast die Hälfte aller Fahranfänger einen Unfall hatte.

5. Die Verantwortung° für die meisten „schweren" Unfälle   *responsibility*

_____ a. lag bei den männlichen Fahranfängern.

_____ b. lag bei den weiblichen Fahranfängern.

_____ c. konnte das Bundesamt nicht feststellen.

Das Stenogramm, von Max von der Grün

Der Text befindet sich auf Seite 223 bis 227. Hören Sie zu. Sprechen Sie nicht nach.

D. Richtig oder falsch? Sie hören jetzt neun Aussagen zu von der Grüns Geschichte „Das Stenogramm". Kreuzen Sie **R** an, wenn die Aussage richtig ist, und **F**, wenn sie falsch ist. Sie hören jeden Satz zweimal.

1. _____ R _____ F   4. _____ R _____ F   7. _____ R _____ F

2. _____ R _____ F   5. _____ R _____ F   8. _____ R _____ F

3. _____ R _____ F   6. _____ R _____ F   9. _____ R _____ F

Das Gedicht und weitere Texte

In Hamburg lebten zwei Ameisen, von Joachim Ringelnatz

Das Gedicht befindet sich auf Seite 221. Hören Sie zu. Sprechen Sie nicht nach.

Die Welt als Flohzirkus

Der Text befindet sich auf Seite 212. Hören Sie zu. Sprechen Sie nicht nach.

Zwei Achtel Wein oder ein Krügel Bier und der Führerschein ist weg

Der Text befindet sich auf Seite 215 und 216. Hören Sie zu. Sprechen Sie nicht nach.

Thema 10 Umwelt

A. **Was sagen Sie?** Sie hören jetzt vier Fragen. Schreiben Sie für jede Frage eine kurze, logische Antwort. Sie hören jede Frage zweimal. Sie hören ein neues Wort:

die Innenstädte: city or town centers

1. _____

2. _____

3. _____

4. _____

B. **Wohnstraßen – eine Lösung zum Umweltproblem Innenstadt.** Der Direktor eines Institutes für Verkehrsplanung erklärt, was eine Wohnstraße ist. Sie hören zuerst seine kurze Erklärung. Dann hören Sie fünf Bemerkungen von Anwohnern° einer Wohnstraße. Sie müssen entscheiden, ob die Anwohner von Vorteilen° oder Nachteilen° ihrer Wohnstraße sprechen. Kreuzen Sie die richtige Kategorie an. In der Erklärung hören Sie zwei neue Wörter:

residents

advantages /
disadvantages

die Niederlande: the Netherlands   *aushalten: to stand, endure*

Sie hören die Erklärung und die Bemerkungen zweimal.

1. _____ Vorteil _____ Nachteil   4. _____ Vorteil _____ Nachteil

2. _____ Vorteil _____ Nachteil   5. _____ Vorteil _____ Nachteil

3. _____ Vorteil _____ Nachteil

C. **Ein Interview.** Der Journalist Frank Meyer sitzt draußen auf einer Bank und interviewt Anwohner einer Wohnstraße in Köln. In diesem Interview hören Sie drei Stimmen: Frank Meyer – Journalist; Kathrin Busch; Kathrins Mann, Markus.
   Weiter unten sehen Sie fünf Fragen zu dem Interview. Für jede Frage lesen Sie drei Antworten. Kreuzen Sie die beste Antwort an. Im Interview hören Sie die folgenden neuen Wörter und Ausdrücke:

die Neugestaltung: redesign   *im Notfall: in an emergency*
die Einweihung: official opening   *die Karre: heap (referring to a car)*

1. Warum sind Kathrin und Markus in die Innenstadt gezogen?

_____ a. Die Wohnstraße hat ihnen sehr gefallen.

_____ b. Wohnungen waren dort billig.

_____ c. Dort konnten sie frische Luft und Ruhe genießen°.   *enjoy*

2. Was, meint Kathrin, ist ein großer Vorteil der Wohnstraße?

_____ a. Die Autos können jetzt schnell durchfahren.

_____ b. Man kann überall Parkplätze finden.

_____ c. Es ist nicht mehr so gefährlich für Fußgänger.

3. Was sagt Kathrin über die Anwohner der Wohnstraße?

_____ a. Sie sind unfreundlich.

_____ b. Kathrin kennt sie gar nicht.

_____ c. Sie sind gute Nachbarn.

4. Warum geben Kathrin und Markus eine Party?

_____ a. Sie feiern die Einweihung der Wohnstraße.

_____ b. Sie wollen, daß Herr Meyer ihre Nachbarn kennenlernt.

_____ c. Ihre Nachbarin nebenan hat Geburtstag.

5. Was, meint Markus, ist ein Nachteil der Wohnstraße?

_____ a. Es gibt zu viele Garagen.

_____ b. Es gibt zuwenig Parkplätze.

_____ c. Es gibt zu viele Partys.

Der Bergarbeiter, von Heinrich Böll

Die Geschichte befindet sich auf Seite 250 bis 252. Hören Sie zu. Sprechen Sie nicht nach.

D. Fragen zur Geschichte. Sie hören jetzt sieben Aussagen zu Bölls Kurzgeschichte „Der Bergarbeiter". Kreuzen Sie **R** an, wenn die Aussage richtig ist, und **F,** wenn sie falsch ist. Sie hören jeden Satz zweimal.

1. _____ R _____ F   4. _____ R _____ F   7. _____ R _____ F

2. _____ R _____ F   5. _____ R _____ F

3. _____ R _____ F   6. _____ R _____ F

Das Kartoffellied und weitere Texte

Kartoffellied, von Anni Becker

Das Lied befindet sich auf Seite 247 und 248. Hören Sie zu. Sprechen Sie nicht nach.

Wüsten werden wachsen

Der Text befindet sich auf Seite 236 und 237. Hören Sie zu. Sprechen Sie nicht nach.

Saubere Geschäfte: Verpackungen

Der Text befindet sich auf Seite 239. Hören Sie zu. Sprechen Sie nicht nach.

Umwelt schonen – Wasser sparen

Der Text befindet sich auf Seite 241 und 242. Hören Sie zu. Sprechen Sie nicht nach.

Übungen zum Hörverständnis: Thema 10 **157**

Pronunciation Guide

Pronunciation Guide

Stress

Nearly all native German words are stressed on the "stem syllable," that is, the first syllable of the word, or the first syllable that follows an unstressed prefix.

Without prefix

den'ken   to think
kom'men   to come

With unstressed prefix

beden'ken   to think over
entkom'men   to escape

German vowels

German has short vowels, long vowels, and diphthongs. The short vowels are very short, and are never "drawled" as they often are in English. The long vowels are monophthongs ("steady-state" vowels) and not diphthongs (vowels that "glide" from one vowel sound toward another). The diphthongs are similar to English diphthongs except that they, like the short vowels, are never drawled. Compare the English and German vowels in the words below.

English (with off-glide)

 bait
vein
tone
boat

German (without off-glide)

Beet
wen
Ton
Boot

Spelling as a reminder of vowel length

By and large, the German spelling system clearly indicates the difference between long and short vowels. German uses the following types of signals:

1. A vowel is long if it is followed by an **h** (unpronounced): **ihn, stahlen, Wahn.**
2. A vowel is long if it is double: **Beet, Saat, Boot.**
3. A vowel is generally long if it is followed by one consonant: **den, kam, Ofen, Hut.**
4. A vowel is generally short if it is followed by two or more consonants: **denn, Sack, offen, Busch, dick.**

Pronunciation of vowels

Long and short a

Long [ā] = **aa, ah, a (Saat, Bahn, kam, Haken):** like English *a* in *spa*, but with wide-open mouth and no off-glide.

Short [a] = **a (satt, Bann, Kamm, Hacken):** between English *o* in *hot* and *u* in *hut*.

[ā]	[a]
Bahn	Bann
kam	Kamm
Staat	Stadt
Schlaf	schlaff
lahm	Lamm

Long and short **e**

Long [ē] = **e, ee, eh, ä, äh (wen, Beet, fehlen, gähnt)**: like *ay* in English *say*, but with exaggeratedly spread lips and no off-glide.

Short [e] = **e, ä (wenn, Bett, fällen, Gent)**: Like *e* in English *bet*, but more clipped.

[ē]	[e]
beten	Betten
Weg	weg
stehlt	stellt
Reeder	Retter
fehle	Fälle

Unstressed [ə] and [ər]

Unstressed [ə] = **e (bitte, endet, gegessen)**: like English *e* in *begin, pocket*.

Unstressed [ər] = **er (bitter, ändert, vergessen)**: When the sequence [ər] stands at the end of a word, before a consonant, or in an unstressed prefix, it sounds much like the final *-a* in English *sofa*; the **-r** is not pronounced.

[ən]	[ə]	[ər]
bitten	bitte	bitter
fahren	fahre	Fahrer
denken	denke	Denker
fehlen	fehle	Fehler
besten	beste	bester

Long and short **i**

Long [ī] = **ih, ie (ihn, Miete, liest)**: like *ee* in *see*, but with exaggeratedly spread lips and no off-glide.

Short [i] = **i (in, Mitte, List)**: like *i* in *mitt*, but more clipped.

[ī]	[i]
bieten	bitten
Bienen	binnen
stiehlt	stillt
riet	ritt
ihn	in

Long and short **o**

Long [ō] = **oh, o, oo (Moos, Tone, Ofen, Sohne)**: like English *o* in *so*, but with exaggeratedly rounded lips and no off-glide.

Short [o] = **o (Most, Tonne, offen, Sonne)**: like English *o* often heard in the word *gonna*.

[ō]	[o]
Moos	Most
bog	Bock
Schote	Schotte
Ofen	offen
Tone	Tonne

⊛⊛ *Long and short u*

⊛⊛ Long [ū] = **uh, u (Huhne, schuf, Buße, Mus)**: like English *oo* in *too*, but with more lip rounding and no off-glide.

Short [u] = **u (Hunne, Schuft, Busse, muß)**: like English *u* in *bush*, but more clipped.

[ū]	[u]
⊛⊛	Mus	muß
Buhle	Bulle
Buße	Busse
Stuhle	Stulle
tun	Tunnel

Diphthongs

⊛⊛ [ai] = **ei, ai, ey, ay (nein, Kaiser, Meyer, Bayern)**: like English *ai* in *aisle*, but clipped and not drawled.

[oi] = **eu, äu (neun, Häuser)**: like English *oi* in *coin*, but clipped and not drawled.

[au] = **au (laut, Bauer)**: like English *ou* in *house*, but clipped and not drawled.

[ai]	[oi]	[au]
⊛⊛	nein	neun	Maus
heiser	Häuser	Haus
Seile	Säule	Sauna
Eile	Eule	Aula
leite	Leute	Laute

Long and short ü

⊛⊛ Long [ǖ]= **üh, ü (Bühne, kühl, lügen)**: To pronounce long [ǖ], keep your tongue in the same position as for long [ī], but round your lips as for long [ū].

Short [ü] = **ü (Küste, müssen, Bünde)**: To pronounce short [ü], keep your tongue in the same position as for short [i], but round your lips as for short [u].

[ǖ]	[ü]
⊛⊛	Füße	Füssen
büßte	Büste
Mühle	Müll
Düne	dünne
Hüte	Hütte
fühlen	füllen

Long and short ö

⊛⊛ Long [ō̈] = **ö, öh (Höfe, Löhne, Flöhe)**: To pronounce long [ō̈], keep your tongue in the same position as for long [ē], but round your lips as for long [ō].

Short [ö] = **ö (gönnt, Hölle, Knöpfe)**: To pronounce short [ö], keep your tongue in the same position as for short [ē], but round your lips as for short [o].

[ō̈]	[ö]
⊛⊛	König	können
Höhle	Hölle
Öfen	öffnen
lösen	löschen
fröhlich	Frösche

Consonants

Most of the German consonant sounds are similar to English consonant sounds. There are four major differences.

1. German has two consonant sounds without an English equivalent: [x] and [ç]. Both are spelled **ch**.
2. The German pronunciation of [l] and [r] differs from the English pronunciation.
3. German uses sounds familiar to English speakers in unfamiliar combinations, such as [ts] in an initial position: **zu**.
4. German uses unfamiliar spellings of familiar sounds.

The letters b, d, and g

The letters **b**, **d**, and **g** generally represent the same consonant sounds as in English. German **g** is usually pronounced like English *g* in *go*. When the letters **b**, **d**, and **g** occur at the end of a syllable, or before an **s** or **t**, they are pronounced like [p], [t], and [k] respectively.

b = [b] (Diebe, gaben)   b = [p] (Dieb, Diebs, gab, gabt)
d = [d] (Lieder, laden)   d = [t] (Lied, Lieds, lud, lädt)
g = [g] (Tage, sagen)   g = [k] (Tag, Tags, sag, sagt)

[b]	[p]	[d]	[t]	[g]	[k]
graben	Grab	finden	fand	Tage	Tag
gaben	gab	Hunde	Hund	Wege	Weg
Staube	Staub	senden	Sand	trugen	trug
hoben	hob	baden	Bad	Kriege	Krieg

The letter j

The letter j = [j] (**ja, jung, jeder, Januar**): represents the sound *y* as in English *yes*.

The letter k

The letter k = [k] (**Keller, kommen, buk, nackt, Lack**): represents the same sound as the English *k* sound.

The letter l

English [l] typically has a "hollow" sound to it. When an American pronounces [l], the tongue is usually "spoon-shaped": It is high at the front (with the tongue tip pressed against the gum ridge above the upper teeth), hollowed out in the middle, and high again at the back. German [l] (**viel, Bild, laut**) never has the "hollow" quality. It is pronounced with the tongue tip against the gum ridge, as in English, but with the tongue kept flat from front to back. Many Americans use this "flat" [l] in such words as *million, billion*, and *William*.

[l]
wild
schmelzen
kalte
wollte
laut
Lied

The letter r

German [r] can be pronounced in two different ways. Some German speakers use a "tongue-trilled [r]," in which the tip of the tongue vibrates against the gum ridge above the upper teeth—like the *rrr* that children often use in imitation of a telephone bell or police whistle. Most German speakers, however, use a "uvular [r]," in which the back of the tongue is raised toward the uvula, the little droplet of skin hanging down in the back of the mouth.

You will probably find it easiest to pronounce the uvular [r] if you make a gargling sound before the sound [a]: ra. Keep the tip of your tongue down and out of the way; the tip of the tongue plays no role in the pronunciation of the gargled German [r].

⊛⊛ **r** = [r] + vowel **(Preis, fragt, kriechen, Jahre, fahren, rufen, Rose)**: When German [r] is followed by a vowel, it has the full "gargled" sound.

r = vocalized [r] **(Tier, Uhr, Tür)**: When German [r] is not followed by a vowel, it tends to become "vocalized," that is, pronounced like the vowel-like glide found in the final syllable of British English *hee-uh* (here), *thay-uh* (there).

[r] + vowel	vocalized [r]
⊛⊛ Tiere	Tier
Paare	Paar
fahre	fahr
Klaviere	Klavier
schwere	schwer

The letters s, ss, ß

⊛⊛ **s** = [ş] **(sehen, lesen, Gänse)**: Before a vowel, the letter **s** represents the sound [ş], like English z in *zoo*.

s = [s] **(das, Hals, fast)**: In most other positions, the letter **s** represents the sound [s], like English [s] in *so*.

ss, ß = [s] **(wissen, Flüsse, weiß, beißen, Füße)**: The letters **ss** and **ß** (called **ess-tsett**) are both pronounced [s]. When they are written between vowels, the double letters **ss** signal the fact that the preceding vowel is short, and the single letter **ß** signals the fact that the preceding vowel is long (or a diphthong). The letter **ß** is also used before a consonant and at the end of a word.

[ş]	[ş]	[s]
⊛⊛ Sahne	reisen	reißen
sehen	heiser	heißer
Seile	Kurse	Kurs
sieht	weisen	weißen
Sonne	Felsen	Fels

The letter t

⊛⊛ **t** = [t] **(Tag, Tasse, Seite, Butter, tut)**: The letter **t** is pronounced like English [t].

[d]	[t]
⊛⊛ hindern	hinter
Sonde	sonnte
Seide	Seite
Boden	Boten
Mieder	Mieter

The cluster th

⊛⊛ **th** = [t] **(Thomas, Theater, Kathode, Mathe, pathetisch)**: In the cluster **th**, the **h** is silent.

The letter v

⊛⊛ **v** = [f] **(Vater, viel, voll, aktiv, naiv)**: The letter **v** is generally pronounced like English [f] as in *father*.

v = [v] **(Vase, Vokabeln, Vitamine, November, Universität)**: In words of foreign origin, the letter **v** is pronounced [v].

The letter w

w = [v] (**wann, Wagen, Wein, wohnen, Möwe, Löwe**): Many centuries ago, German **w** (as in **Wein**) represented the sound [w], like English *w* in *wine*. Over the centuries, German **w** gradually changed from [w] to [v], so that today the **w** of German **Wein** represents the sound [v], like the *v* of English *vine*. German no longer has the sound [w]. The letter **w** always represents the sound [v].

[f]	[v]
Vater	Wasser
Vieh	wie
vier	wir
voll	Wolle
Volk	Wolke

The letter z

z = final and initial [ts] (**Kranz, Salz, reizen, heizen, Zahn, zu, Zeile**): The letter **z** is pronounced [ts], as in English *rats*. In English, the [ts] sound occurs only at the end of a syllable; in German, [ts] occurs at the beginning as well as at the end of a syllable.

[s̪]	[ts]
Sohne	Zone
Sahne	Zahn
sehen	zehn
soll	Zoll
sieht	zieht
reisen	reizen
heiser	Heizer

The consonant clusters gn, kn, pf, qu

To pronounce the consonant clusters **gn, kn, pf, qu** correctly, you need to use familiar sounds in unfamiliar ways.

gn: pronunciation is [gn]   **pf:** pronunciation is [pf]
kn: pronunciation is [kn]   **qu:** pronunciation is [kv]

gn = [gn-] (**Gnade, Gnom, gnädig**)

kn = [kn-] (**Knie, Knoten, Knopf, knapp, Knochen**)

pf = [pf-] (**Pfanne, Pflanze, Pfeffer, Pfeife, Kopf, Knöpfe**)

qu = [kv-] (**quälen, Quarz, quitt, Quiz, Qualität**)

The combination ng

ng = [ŋ] (**Finger, Sänger, Ding, Junge, singen, Hunger**): The combination **ng** is pronounced [ŋ], as in English *singer*. It does not contain the sound [g] that is used in English *finger*.

The combinations sch, sp, and st

sch = [š] (**Schiff, waschen, Fisch, Schule, Kirsche**)
sp = [šp] (**Spaten, spinnen, Sport, spielen, springen**)
st = [št] (**Stein, Start, stehlen, Stücke, streng**)

Many centuries ago, both German and English had the combinations **sp, st, sk**, pronounced [sp], [st], [sk]. Then two changes took place. First, in both languages, [sk] changed to [š], as in English *ship, fish*, and German **Schiff, Fisch**. Second, in German only, word-initial [sp-] and [st-] changed to [šp-] and [št-]. The *sp* in English *spin* is pronounced [sp-], but in German **spinnen** it is pronounced [šp-]. The *st* in English *still* is pronounced [st-], but in German **still** it is pronounced [št-]. Today, German **sch** always represents [š] (like English *sh*, but with more rounded lips); **sp-** and **st-** at the beginning of German words or word stems represent [šp-] and [št-].

*The letters **ch***

The letters **ch** are usually pronounced either [x] or [ç]. The [x] sound is made in the back of the mouth where [k] is produced.

If you have ever heard a Scotsman talk about "Lo*ch* Lomond," you have heard the sound [x]. The sound [x] is produced by forcing air through a narrow opening between the back of the tongue and the back of the roof of the mouth (the soft palate). Notice the difference between [k], where the breath stream is stopped in this position and [x], where the breath stream is forced through a narrow opening in this position.

To practice the [x] sound, keep the tongue below the lower front teeth and produce a gentle gargling sound, without moving the tongue or lips. Be careful not to substitute the [k] sound for the [x] sound.

ch = [x] (Sache, hauchen, pochen, Buch)

[k]	[x]
Sack	Sache
Hauke	hauchen
pocken	pochen
buk	Buch

The [ç] sound is similar to that used by many Americans for the *h* in such words as *hue, huge, human*. It is produced by forcing air through a narrow opening between the front of the tongue and the front of the roof of the mouth (the hard palate). Notice the difference between [š], where the breath stream is forced through a wide opening in this position and the lips are rounded, and [ç], where the breath stream is forced through a narrow opening in this position and the lips are spread.

To practice the [ç] sound, round your lips for [š], then use a slit-shaped opening and spread your lips. Be careful not to substitute the [š] sound for [ç].

ch = [ç] (mich, ficht, Kirche, welch, München)

[š]	[ç]
misch	mich
fischt	ficht
Kirsche	Kirche
Welsch	welch
Menschen	München

Note two additional points about the pronunciation of **ch**:

1. **ch** = [x] occurs only after the vowels **a, o, u, au**.
2. **ch** = [ç] occurs only after the other vowels and **n, l,** and **r**.

*The combination **chs***

chs = [ks] (sechs, Fuchs, Weichsel, Lachs)

chs = [xs] or [çs] (Teichs, Brauchs, rauchst)

The fixed combination **chs** is pronounced [ks] in words such as **sechs, Fuchs,** and **Ochse**. Today, **chs** is pronounced [xs] or [çs] only when the **s** is an ending or part of an ending (**ich rauche, du rauchst; der Teich, des Teichs**).

[x]	[ç]	[ks]
acht	echt	sechs
Buch	Bücher	Büchse
Fach	Fächer	Fuchs
Dach	durch	Dachs
wachen	welche	wachsen
machen	manche	wechseln

The suffix -ig

⊛⊛ **-ig** = [iç] (**Pfennig, König, schuldig**): In final position, the suffix **-ig** is pronounced [iç] as in German **ich**.

-ig = [ig] (**Pfennige, Könige, schuldige**): In all other positions, the **g** in **-ig** has the sound [g] as in English *go*.

[iç]	[ig]
⊛⊛ Pfennig	Pfennige
König	Könige
schuldig	schuldige
billig	billiger
wenig	weniger

The glottal stop

English uses the glottal stop as a device to avoid running together words and parts of words; it occurs only before vowels. Compare the pairs of words below. The glottal stop is indicated with an *.

an *ice man	a nice man
not *at *all	not a tall
an *ape	a nape

German also uses the glottal stop before vowels to avoid running together words and parts of words.

⊛⊛ **Wie *alt *ist *er?**
be*antworten
Ich* arbeite* immer* abends.

The glottal stop is produced by closing the glottis (the space between the vocal cords), letting air pressure build up from below, and then suddenly opening the glottis, resulting in a slight explosion of air. Say the word *uh-uh*, and you will notice a glottal stop between the first and second *uh*.